自制体育器材

叶海辉◎主编

北京体育大学出版社

策划编辑：李志诚　仝杨杨
责任编辑：仝杨杨
责任校对：米　安
版式设计：禾风雅艺

图书在版编目（CIP）数据

自制体育器材 / 叶海辉主编 . -- 北京：北京体育
大学出版社 , 2024. 12. -- ISBN 978-7-5644-4246-0

Ⅰ . G818.3

中国国家版本馆 CIP 数据核字第 202404HX49 号

自制体育器材

ZIZHI TIYU QICAI

叶海辉　主编

出版发行：北京体育大学出版社
地　　址：北京市海淀区农大南路 1 号院 2 号楼 2 层办公 B-212
邮　　编：100084
网　　址：http://cbs.bsu.edu.cn
发 行 部：010-62989320
邮 购 部：北京体育大学出版社读者服务部 010-62989432
印　　刷：三河市龙大印装有限公司
开　　本：710mm×1000mm　1/16
成品尺寸：170mm×240mm
印　　张：16.25
字　　数：254 千字
版　　次：2024 年 12 月第 1 版
印　　次：2024 年 12 月第 1 次印刷
定　　价：68.00 元

序

体育教育作为学校教育的重要组成部分，肩负着提高学生运动素质、增进青少年身心健康、培育全面发展的人才的历史重任。在我国新一轮深化课程改革来临之际，"体育课程物力资源的开发与利用"丛书让我作序，我不胜荣幸。这套丛书涵盖了常规体育器材、生活物品、校园环境资源、自制体育器材和新兴体育器材5个领域的实践和研究成果，范围广泛，内容丰富，图文并茂，集22年之实践汇编而成，形成了全面、系统的体育课程物力资源开发与利用体系，在国内属于开创性成果。

我简要介绍一下这套丛书，希望对大家有所帮助。

第一册：《常规体育器材的开发与运用》

该册主要介绍跳绳、小体操垫、大体操垫、海绵包、接力棒、体操棒等33种常规体育器材的开发与运用，在显性功能的基础上，通过转换视角、转变思维方式，挖掘体育器材的隐性功能，充分发挥常规体育器材的多功能性，让体育器材一材多用、一材多能，既能丰富课程资源，又能便捷地服务于体育教学。

第二册：《生活物品在体育教学中的运用》

该册主要以松紧带、毛巾、塑料桶、包装袋等37种常见的生活物品为开发对象，以常见、实用、实效为导向，选择日常生活物品，通过直接使用法、改造法、组合法等方法进行开发与运用，呈现的课例具有时代性和前瞻性，既可以让体育器材的品种得到增加，又可以让体育教学的课程资源更加丰富。

第三册：《校园环境资源在体育教学中的运用》

该册主要介绍校园环境资源的运用，在运用中要遵循合理统筹、科学规划、因地制宜、因校制宜的原则。该册对体育场地的标准与使用、校园体育文化、校园场地等30项内容进行阐述，并结合大量的实例进行说明，可以让学校体育工作效益最大化，使校园环境资源全方位服务于体育课堂教学、大课间活动、课外体育活动及课余训练等。

第四册：《自制体育器材》

该册主要介绍卷吊球、球式哑铃、爆发力训练器等100种自制体育器材，通过直接利用法、改进法、借鉴法和发明法等方法动手改造与制作体育器材，并根据功能和作用将其分为身体素质类、教学辅助类、器材收纳类、旱地冰雪类、软式器材类和综合器材类等六大类。有了多样化的自制体育器材，就会有多样化的玩法，就能让体育教学变得更加丰富有趣。

第五册：《新兴体育器材》

该册主要收集整理了适合在中小学推广使用的135种新兴体育器材，它们根据功能可以分为教学辅助类、运动项目类、体育游戏类、软式器材类、体能训练类、素质拓展类和电子设备类等七大类。为了满足时代发展对体育教学多样化的需求，该册引入新兴体育器材，并介绍新兴体育器材的使用方法，让读者方便快捷地了解新兴体育器材的基本信息，共同走进体育教学的新天地。

这套丛书主要有以下特点：

第一，实用性。这套丛书的实用性主要体现在内容实用和方法实用两个方面。内容实用是指器材、场地、设施等均为常见，方便好用；方法实用是指游戏方法和器物趣用之法多种多样，既可融入课堂教学实践，又可渗透课间课后学练。例如，小场地、边角场地开发成体育乐园和体能训练场，毛巾、塑料桶等妙用于跑跳投等教学，自制体育器材、新兴体育器材融入课堂教学和训练实践，废旧体育器材再次开发与利用，等等。

第二，创新性。这套丛书充满新意，无处不创新。首先，这套丛书的写成是一个创新，虽偶有报纸杂志发表此类文章，但成书者无一人；其次，内容选择是一个创新，简单的跳箱、毛巾、篮球场等可以用于各种体能练习、技能练习和游戏中;最后,一材多用也是一个创新,在这套丛书中,废弃的宣传横幅可以用于多种体能练习、技能练习和游戏中。

第三,**启发性**。统观书稿,精彩之处颇多,让我的思维跳跃,思绪也随之发散,让人有一种要赶紧将这些方法付诸课堂实践的冲动,更想融入其中、享受其乐。如果我们善于把这些常见的器材设施、生活物品、游戏方法等融入体育教学,肯定有助于提高体育教学质量。

体育课程物力资源的开发与利用是一个经久不衰的话题,伴随着时代的发展和课程改革的不断推进,它的内容和方法也不断丰富。只要我们心中有学生、眼里有资源,用心捕捉身边的点点滴滴,行而不辍,体育课程物力资源终将迎来一片新天地。

"体育课程物力资源的开发与利用"丛书集百人之力为广大体育教师做了一件很有意义的事情,我希望能有更多的实践者参与其中,共同寻求教育教学新路径,总结出更多更新的教学成果。最后,我相信这套丛书的出版定会给广大的一线体育教育工作者和体育教育专业学生有益的指导和启示。

华东师范大学体育与健康学院院长、博士生导师
教育部中小学体育与健康课程标准研制组和修订组组长
教育部全国高等学校体育教学指导委员会理论学科组组长
教育部首届全国高校健康教育教学指导委员会主任委员
教育部全国中小学体育教学指导委员会副主任委员
第六、第七届国务院学位委员会体育学科评议组成员
2024 年 10 月

不忘初心，一起向未来

随着课程改革的深入实施，广大教师意识到丰富多样的课程资源是课程实施的必要条件，没有课程资源的支持，再美好的课程改革设想也很难变成实际教育成果。课程物力资源是课程资源中不可或缺的一部分，体育课程物力资源是学校体育教学中的各种器材、场地、设施及校内外的自然环境等有形物体的总称。它是学校体育教学的硬件之一，是实施体育教学强有力的物质保证，决定着体育课程实施的范围和实际水平。我们应充分利用现有的体育课程物力资源，强化课程物力资源开发意识，提高对课程物力资源的认识水平，并深入挖掘与开发新的课程物力资源，不断满足学生的体育活动需求，让体育课堂教学焕发出更新更强的生命力，从而更好地促进课程目标的实现。

力学笃行，积跬致远。本研究开始于2002年浙江省台州市规划课题"农村中学体育器材开发和利用的实践研究"，之后不断拓展深化；2008年，"中小学体育课程物力资源的开发与利用"成为浙江省教育科学规划体卫艺专项课题；2010年，在台州市教育科学研究所和玉环县（今玉环市）教育科学研究所领导的大力关心和帮助下，课题下设"体育小器材的开发与利用""体育大器材的开发与利用""废弃体育器材的开发与利用""自制简易的体育器材""生活物品在体育教学中的运用""体育场地的开发与利用"等6个子课题；2012年，本研究成果获浙江省第四届基础教育教学成果评比一等奖。可谓十年磨一剑，砺得成果丰。

课题有终时，教研无止境。在前期的研究中，体育场地器材课例的研发满足了体育课堂教学及课余训练的需要，我们看到了课题研究对体育教学的巨大推动作用，也感受到了此项课题还有十分广阔的研究前景。为此，我们在之前研究的基础上进行了深化和拓展，对常规体育器材、生活物品、校园环境资源、自制体育器材和新兴体育器材5个领域进行了全面深入的研究，其中许多成果得到了广大体育教师的认可。为了服务体育课堂教学，解决全国广大体育教师的从教困扰，使学生更喜爱体育活动，我们集众人之智，筹众人之力，精耕细作，将这些成果整理成书。期待这套丛书能成为广大体育教师及体育教育专业学生的参考书和工具书，成为体育教师教学的好帮手，成为学校体育教育发展的新基石。

为了直观清晰地展示体育课程物力资源的研究成果，我们将这套丛书分为《常规体育器材的开发与运用》《生活物品在体育教学中的运用》《校园环境资源在体育教学中的运用》《自制体育器材》《新兴体育器材》5册。

在这套丛书付梓之际，我思绪万千，激动的心情久久不能平静。从最初申报课题到最终定稿付梓，整整22年，凝聚着我太多的心血，它是我的"思维之果""实践之果"，更是我的"生命之果"。个人的力量是有限的，但团队的力量是无限的，正所谓"众人拾柴火焰高"，在此，我要衷心感谢编委会的各位老师，没有他们的辛勤付出、通力合作、大胆创新、积极探索，就没有这套丛书的最终付梓。为此，我将本册书的参编人员一一罗列，深表感谢，他们是：王安洁（浙江省玉环市龙溪初级中学），胡娟（浙江省杭州市萧山区高桥金帆实验学校），陈火红（浙江省玉环市教育教学研究中心），张迁（浙江省台州市黄岩区教育局教研室），周晨光（北京市海淀区羊坊店中心小学），董平（甘肃省临潭县新城镇西街小学），王亚达（浙江省宁波市鄞州职业教育中心学校），张宁、周圆（浙江省玉环市玉城中学），苏红（浙江省玉环市玉环中学），蔡健康、曾云平、陈婉娜、张程杰（浙江省玉环市坎门第一初级中学），林德杰、王龙（浙江省玉环市芦浦中心小学），王玲（浙江省台州市黄岩区沙埠镇中心小学），陈熙、劳丹、陈力、庄豪雯、陈振荣、欧根剑（浙江省玉环市坎门海都小学），杨芬（浙江省玉环市陈屿中心小学），郭政（浙江省台州学院附属中学）。最后，我由衷感谢北京体育大学出版社领导和编辑们的大力支持，还有参与拍摄学生的辛勤付出。

金无足赤，人无完人。由于学术水平和研究能力的限制，丛书中难免会有纰漏和不足之处，敬请广大同行提出宝贵意见和建议，以便丛书修订时能够进一步完善，共同助力学校体育发展。

叶海辉

2024 年 10 月于玉环

目录 CONTENTS

第一部分　身体素质类

一、卷吊球

卷吊球类似于卷重物或卷千斤棒，主要发展手腕和前臂力量，一般在身体素质练习时使用。制作时，使用一根绳子，绳子的一端拴重物，另一端拴在一根短棍的中间。多数学校使用红砖、杠铃片、沙袋等充当重物，这样既不安全也不美观。利用废弃球制作卷吊球，具有制作简单、经济实惠、美观大方、安全耐用的特点，我们可以根据需要制作不同重量的卷吊球。实践中，该器材使用效果良好，深受学生的喜爱。

（一）制作准备

废弃排球、绳子、木棍或竹竿、锥子、补鞋线、沙子、废布、剪刀、锯子、弹簧秤、钻子、铁丝。

（二）制作方法

卷吊球由卷棒、吊绳、吊球、吊环和吊球盖组成。以制作一个3kg卷吊球为例，具体方法如下：

1. 分项准备

（1）卷棒：将木棍或竹竿锯成长度为30 ~ 40cm的卷棒，然后在卷棒中间位置垂直钻一个洞眼，用于固定吊绳。如果用接力棒做卷棒，为了不破坏接力棒，可以不用在接力棒的中间钻洞。

（2）吊绳：取一根长约1m的绳子，在其一端打结。

（3）吊球：用剪刀在一个废弃排球上剪开一道长约8cm的口子，然后往球体内加入适量沙子（图1-1），接着用废布将球体内空隙部分塞满（图1-2），让

图1-1　　　　　　图1-2

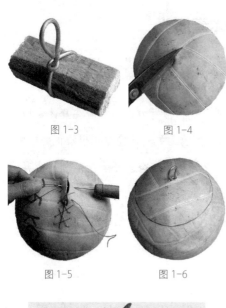

图 1-3　　　　　图 1-4

图 1-5　　　　　图 1-6

图 1-7

图 1-8

图 1-9

球体充分凸起来，并确保总重量为 3kg。

（4）吊环：取一截 8cm 长的小木块，厚度和宽度均在 2cm 以上。然后用铁丝在木块的中间拧成"8"字形。（图 1-3）

（5）吊球盖：另取一个废弃排球，在其上剪下一个直径为 12cm 的圆形，并在圆心位置剪出一道长约 3cm 的口子。（图 1-4）

2. 整合

（1）吊环与吊球连接：将吊环下的木块放进吊球的开口内，须让木块与开口呈垂直状，让铁圈露出，然后用锥子和补鞋线将吊球的开口缝合。（图 1-5）

（2）吊球与吊球盖连接：将吊球盖中间的开口套在吊环的铁圈上。（图 1-6）

（3）卷棒与吊绳连接：将吊绳没打结的一端从卷棒中间的洞眼穿过。（图 1-7）

如果绳子与没打洞眼的卷棒连接，为避免练习时绳子出现转动打滑，建议采用"三套结"打结法进行拴固。（图 1-8）

（4）吊绳与吊球连接：将吊绳的另一端固定在吊球的铁圈上。

（5）最后在吊球盖上用记号笔写上"3kg"的字样，代表这个卷吊球的重量。（图 1-9）

（三）使用方法

（1）两脚分开站立，与肩同宽，两臂前平举，手心向下，两手握紧卷棒两端，两手交替向前或向后卷动卷棒，直至卷完吊绳再放下，反复多次。（图1-10）

要求：练习时两臂尽量呈水平状，练习重量因人而异。

（2）去掉卷棒和吊绳，可将吊球作为负重物、标志物、障碍物等进行相关的游戏活动。

图1-10

（四）注意事项

（1）卷棒可用接力棒、断裂的体操棒、竹制跳高横杆、废弃拖把木柄等制作，如果用其他代替物，最好选用直径3cm左右、具有较好握感的棍体。

（2）卷棒的长度为30～40cm，吊绳长度为0.8～1.2m，卷棒中间的洞眼大小要以吊绳能穿过为宜。

（3）可用绳子固定于木块上代替铁圈制作吊环，但从耐用性来说，铁圈的效果要明显优于绳子。

（4）根据不同学段学生的需求，自行调整卷吊球的重量。

二、球式哑铃

哑铃是力量练习的一种辅助器材，在身体素质练习中经常会使用。哑铃主要由铁质材料制成，在使用过程中存在一定的安全隐患。利用废弃球制作的球式哑铃，具有制作简单、使用安全、体积大、重量多样的特点，深受学生的喜爱。

（一）制作准备

废弃足球、圆木棒、沙子、锯末、铁钉、锯子、剪刀、铁锤、胶布、乳胶、弹簧秤。

（二）制作方法

以制作一个3kg足球哑铃为例，具体方法如下：

（1）握柄：将圆木棒截成约60cm长，在两端各留约22cm放置足球哑铃，在中间部位留约15cm作为握手位。

（2）锯末与沙子混合物：将沙子和锯末按重量比约4:1进行混合并且搅拌均匀。（图2-1）

（3）球体。

①开口：取两个废弃足球，在球体表面对称两端的位置上各开一个"十"字口，开口大小跟握柄粗细相当，以刚好能穿过握柄为宜。（图2-2）

图2-1

图2-2

②填充：从球的开口处装入锯末与沙子混合物，装满后重量约为1.5kg，如果重量达到1.5kg，但球体内尚未装满，可用锯末填满。采用同样方法，将另一个球体也进行填充。（图2-3）

（4）组合：将握柄两端分别插入填充好锯末与沙子混合物的球体，握柄必须完全穿过球体的两个开口，外侧开口处与握柄外端对齐，中间留有约15cm的握手位。（图2-4）

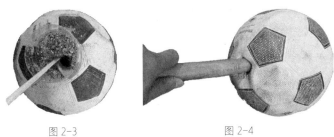

图2-3   图2-4

（5）固定：将"十"字开口的球皮用铁钉固定在握柄上（图2-5）。为防止球体两侧的握柄露出影响美观，以及使用过程中存在不安全因素，可先用钉子将握柄两侧的"十"字开口的球皮钉牢。

（6）修整：为防止球体内的填充物从细缝漏出，可先用乳胶将开口处的球体粘在握柄上，再用胶布缠好，这样既牢固又美观。（图2-6）

图2-5   图2-6

（三）使用方法

球式哑铃的使用方法同哑铃，主要用于力量练习。

（四）注意事项

（1）锯末与沙子的混合比例根据制作哑铃的重量灵活调整。

（2）握柄可用体操棒、木制标枪、废弃拖把木柄等代替。

（3）若没有锯末，可用制鞋、制衣的边角料，广告布，报纸等代替。在制作时，尽量将沙子填充均匀，使哑铃重心平稳。

（4）如果是制作轻哑铃，仅在球体内填充锯末、广告布或报纸等即可。

（5）最好选用鞋钉来固定，因为鞋钉的钉帽面积大，易于固定。

三、爆发力训练器

爆发力是短跑和跳跃项目的关键专项力量，也是运动员取得优异成绩的重要保证。在日常训练中，爆发力是非常重要的训练内容之一，但目前在中小学的学生爆发力训练中，针对性的训练器材并不多。而用轮胎和拉力带制作的爆发力训练器，不仅取材方便、制作简单，而且使用便捷、效果明显，能根据学生的能力随时调整重量，是一个有趣且能有效发展学生爆发力的好器械。

（一）制作准备

废旧轮胎、尼龙绳、拉力带、电钻。

（二）制作方法

（1）打孔：在轮胎的侧面用电钻打两个直径约1.5cm的圆孔，用于固定尼龙绳。（图3-1）

图3-1

（2）固定：取一根长约40cm的尼龙绳，将尼龙绳两端分别穿进轮胎侧面打好的圆孔内，然后将轮胎内侧的绳头多打几个结用于固定。

（3）组合：将拉力带和尼龙绳串联固定即可。（图3-2）

图3-2

（三）使用方法

将轮胎放在适宜的场地，将拉力带套在学生的腰上，学生拉直拉力带后，带动轮胎向前跑动即可，跑动距离根据学生的能力适当调整。（图3-3）

图3-3

（四）注意事项

（1）根据学生的年龄特点和能力情况，选择大小适宜的废旧轮胎制作爆发力训练器。

（2）可以在轮胎内侧放置铅球或实心球增加轮胎的重量，也可以绑定多个轮胎进行练习，以满足不同学生的练习需要。

（3）拉力带可多根进行串联，不宜过短，避免跑动中轮胎碰到脚跟。

四、单、双杠悬垂练习辅助器

在体育教学中，由于个体差异，学生的手臂力量各不相同，在单杠引体向上、屈臂悬垂和双杠臂屈伸的练习中，部分学生练习效果不太理想，有的学生甚至一个也无法完成，学生很难体验到成功的喜悦，导致学生练习兴趣下降。在平时的练习中，我们经常采用托腰或扶腿向上推举的方法帮助力量不足的学生，但这种帮助方法费时费力。为此，我们可以制作一款适用于单、双杠悬垂练习的辅助器，为学生提供一个向上的助力，以达到持续练习的目的。作为一种简易的自制体育器材，单、双杠悬垂练习辅助器不仅具有较高的安全性，还可以缓解学校体育器材的不足。

（一）制作准备

废旧长凳、带弹力的绳子（如自行车内胎、拉力带、行李绳等）、电钻、锯子、锤子。

（二）制作方法

单、双杠悬垂练习辅助器由拉带、站板和脚环组成。

（1）锯料：将废旧长凳去腿，然后从一端开始截取一段40～50cm的凳面板，即站板的雏形。

（2）打眼：去除站板中装有凳腿的两个洞眼中的剩余木头，然后在站板另一端相同位置钻两个相似的洞眼，用以固定拉带。在站板中间钻三个洞眼，用以固定脚环。（图4-1）

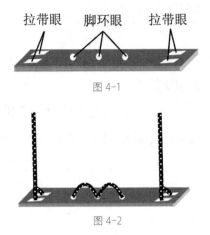

图4-1

（3）组装：用两条长度适宜的带弹力的绳子分别穿过站板两端的两个洞眼后系牢，做成两个拉带。另找一根带弹力的绳子穿过站板中间的三个洞眼后系牢，做成两个脚环。（图4-2）

图4-2

（三）使用方法

先将站板两端的拉带固定在单杠横杠上，宽度略大于站板的长度，站板离地面约50cm（图4-3）。练习者把站板垂直下压至地面，双手握杠，利用拉带伸缩的弹力进行练习（图4-4）。同时，帮扶者可通过两手向上提拉拉带的方法来帮助练习者完成练习（图4-5）。双杠使用方法与单杠基本相同，图4-6为双杠臂屈伸演示图。

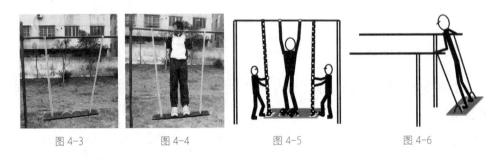

图4-3   图4-4   图4-5   图4-6

（四）注意事项

（1）该器材制作所需的废旧长凳可以用木板或人造板代替。

（2）当前学校使用的单人椅基本上是复合板制作的，也可以直接利用废弃单人椅的面板进行制作。

（3）用辅助器练习时，最好有帮扶者协助，确保练习安全；帮扶者最好有两人，左右站立。

（4）在交换练习时，帮扶者将站板踩至地面，确保练习者安全下板。

（5）对于个别力量较弱的学生，可适当增加拉带的股数，以增加弹力。

（6）若单、双杠下方不是沙池或软垫，可以在辅助器下方铺上体操垫，防止练习者跌落受伤。

五、脚环跳跳球

脚环跳跳球是曾经风靡一时的体育器材，由于该器材没有进入国家体育器材设施配备目录，普及率较低，多数学生在校没有机会接触。通过实践摸索，我们动手自制了简易脚环跳跳球，其功能与厂家生产的基本相似，且具有长短可调、轻重可变、携带方便的特点，不受场地、时间、天气的限制，非常适合学生使用。

（一）制作准备

废弃的塑料跳绳、塑料泡沫包装膜、胶带、空矿泉水瓶、剪刀。

（二）制作方法

脚环跳跳球由脚环、球体和连接绳组成。

（1）脚环：将一根废弃的塑料跳绳剪短，围成直径约15cm 的圆圈，接着将两个绳头用打火机烧熔连接（也可以将两个绳头交叉重叠 5～10cm，然后用胶带缠绕固定），然后在圆圈的外面均匀裹上一层塑料泡沫包装膜，最后用胶带密封缠绕。（图5-1）

图 5-1

（2）球体：取一个空矿泉水瓶，用剪刀在瓶盖的中心

挖一个小洞（洞的大小以绳子能穿过为宜）。（图5-2）

（3）组合：取下瓶盖，截取一根长约60cm的绳子，将绳子的一端由外向内穿过瓶盖少许，并把瓶盖内侧的绳头打结，然后将瓶盖拧紧，另一端系在脚环上，将脚环和球体两部分连接成一个整体。（图5-3）

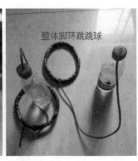

图5-2　　　　　　图5-3

（三）使用方法

先把脚环套在一只脚上，球体外移，拉直连接绳，一只手抓握连接绳向前或向后推动球体，同时以套脚环的脚为轴，让球体沿地面做顺时针或逆时针旋转，当连接绳转到另一只脚下时，另一只脚立即抬起越过连接绳，两脚互相配合，如此循环练习。（图5-4）

图5-4

（四）拓展运用

（1）抡臂练习：准备2个脚环跳跳球，分别将脚环套在学生的左、右手臂上，一边前行或后退，一边以手臂为轴旋转球体（可向前或向后旋转），看谁转得稳、走得远。（图5-5）

（2）标志点：将跳跳球放在平坦地面上，充当往返跑的起始点，蛇形跑的标志（图5-6），步幅、步频练习的标志等；也可以将其挂在一定高度进行摸高练习。

图5-5　　　　　　图5-6

（3）绳吊球：学生一手抓握绳子，球体下垂，然后尝试用脚内侧（图5-7）、正脚背、脚外侧模拟踢球练习。

（4）腰腹练习：将脚环跳跳球固定在单杠、双杠或有高度的地方，进行高抬腿、俯卧挺身、俯卧提踵、侧身提踵练习，要求每次将抬起的腿或身体触碰到球体。（图5-8、图5-9）

（5）游戏：将脚环跳跳球分开，进行套圈、打保龄球、抛接飞盘等游戏。（图5-10）

图5-7　　　　图5-8　　　　图5-9　　　　图5-10

（五）注意事项

（1）学生可以根据自身的熟练程度，往瓶内装适量的沙子，使跳跳球旋转得更平稳。

（2）若瓶内装沙子，为防止沙子从瓶盖洞隙流出，可以往瓶内填充废纸、广告横幅、海绵等软质物体。

（3）根据学生的年龄大小制作适宜的脚环，一般直径约为15cm（外径），脚环的线径为1～2cm，这样旋转时脚更舒适；连接绳瓶口至脚环的距离以50cm为宜。

（4）定期检查脚环跳跳球的脚环与绳子的连接处是否牢固。

六、自制摸高器

众所周知，摸高练习是发展弹跳力和下肢力量的方法之一。基层中小学校很少购置专业摸高器，在日常教学和训练中，一般采用摸树叶、摸篮板、摸墙壁或摸悬挂在高处的物体等方式进行练习，但这些方式易受场地限制。为此，设计一款方便且实用性强的摸高器是非常必要的。根据当前中小学校的实际情况，我们设计制作了跳高架摸高器、注水旗杆摸高器、固定式摸高器和树木摸高器4种简易摸高器，供大家参考选用。

（一）跳高架摸高器

1. 制作准备

跳高架立柱、跳高横杆、2 ~ 3m竹竿、废纸、胶带、卷尺、绳子。

2. 制作方法

（1）绳吊球：用废纸揉成直径5 ~ 10cm的球形，然后用长约1m的绳子系在纸球外面，最后用胶带缠绕固定。（图6-1）

（2）支架：用绳子或胶带将竹竿绑在跳高架立柱上，竹竿顶端距离地面至少3.5m。

（3）绳套：在2个跳高架立柱的延长部分（增加的竹竿）的上部各固定一个绳套，做跳高横杆放置区域。

（4）悬挂：将制作好的绳吊球悬挂在跳高横杆上，每个绳吊球的落差为5 ~ 10cm，左右间距20 ~ 30cm。

（5）组装：将挂有绳吊球的跳高横杆两端套进2个跳高架立柱上部的绳套中。（图6-2）

图6-1

图6-2

3.使用方法

（1）将跳高架摸高器搬运到适宜的练习场地，先将跳高架立柱放倒于地上，再将跳高横杆两端套入绳套中，最后将跳高架立柱扶立于地面即可。

（2）摸高练习，学生先摸最低纸球，然后逐一挑战上一高度的纸球，直到最高纸球。可进行原地起跳摸高或助跑起跳摸高练习。

4.注意事项

（1）竹竿可以用木棍、PVC管等长状物代替。

（2）根据学生身高及跳跃能力，通过调整跳高架立柱上部的绳套位置控制跳高横杆的高度。（图6-3）

（3）摸高标志物可以使用注水矿泉水瓶、垒球、沙包等物品代替。

图 6-3

（二）注水旗杆摸高器

1.制作准备

3.5m可调节高度注水旗杆、胶带、废纸、绳子、水或沙子。

2.制作方法

（1）绳吊球：用废纸揉成直径 5～10cm 的球形，然后用长约1m的绳子系在纸球外面，最后用胶带缠绕固定。

（2）挂杆：将制作好的绳吊球悬挂在注水旗杆的横杆上，每个绳吊球的落差为 5～10cm，左右间距约20cm。

（3）底座：打开底座上的注水盖子，往底座里面注满水或沙子，然后关上盖子，以保证旗杆整体的稳定性。（图6-4）

图 6-4

3. 使用方法

（1）将注水旗杆摸高器放置在平坦场地上，根据学生的身高及跳跃能力，调节伸缩杆，调到适宜位置后将旋钮拧紧固定。

（2）摸高练习，学生先摸最低纸球，然后逐一挑战上一高度的纸球，直到最高纸球。可进行原地起跳摸高或助跑起跳摸高练习。（图6-5）

4. 注意事项

（1）学生要有序排队进行摸高练习。

（2）练习时，学生身体应侧对注水旗杆摸高器，不能面对注水旗杆摸高器，以免两脚落地时碰到底座。

图 6-5

（三）固定式摸高器

1. 制作准备

直径10cm、长4m的圆形钢管（作立柱），直径约5cm、长1.5m的镀锌管（作横杆），废纸，胶带，绳子，人字梯，电焊机，铲子，混凝土。

2. 制作方法

（1）绳吊球：用废纸揉成直径5～10cm的球形，然后用长约1m的绳子系在纸球外面，最后用胶带缠绕固定。

（2）焊接：把2根钢管的顶部连接成"厂"形，并焊接牢固。

（3）浇筑：在适宜安装固定式摸高器的场地挖坑，将焊接好的摸高器底端埋入坑中，深度至少50cm，埋好后用混凝土浇筑，表面用泥土填回。

（4）保养：浇筑完成后，需要每天向混凝土浇适量水进行保养，时间大约7天。

（5）悬挂：借助人字梯，将制作好的绳吊球悬挂在横杆上，每个绳吊球的落差为 5 ~ 10cm，左右间距约 20cm。

3. 使用方法

摸高练习，学生先摸最低纸球，然后逐一挑战上一高度的纸球，直到最高纸球。可进行原地起跳摸高或助跑起跳摸高练习。（图 6-6）

4. 注意事项

（1）学生绝不可悬垂于摸高器横杆上，以免横杆掉落受伤。

（2）根据学生身高及跳跃能力，调整绳吊球的绳长，从而满足学生的练习需求。

（3）摸高标志物可以使用注水矿泉水瓶、垒球、沙包等物品代替。

图 6-6

（4）可以在横杆下方焊接一些圆孔材料，方便固定绳吊球。

（5）可以在摸高器立柱和横杆上方之间焊接一个斜拉钢管，形成三角形，以增加摸高器的稳定性和牢固性。

（四）树木摸高器

1. 制作准备

吊环儿童皮球、绳子、校园树木、打气筒、人字梯。

2. 制作方法

（1）绳吊球：将吊环儿童皮球充气，选取长约 1m 的绳子穿过球上吊环并打结。

（2）悬挂：借助人字梯，根据学生的身高及跳跃能力，将制作好的绳吊球悬挂在不同高度的树枝上，绳吊球左右间距在 30cm 以上为宜。

3. 使用方法

摸高练习，学生先摸最低皮球，然后逐一挑战上一高度的皮球，直到最高皮

球。可进行原地起跳摸高或助跑起跳摸高练习。（图6-7）

图6-7

4. 注意事项

（1）绳吊球可选用塑料瓶、纸球、废球等物品代替，不可过重。

（2）学生不可拉扯绳吊球，防止扯断树枝。

（3）应选取开阔平坦地带树干较粗的树木悬挂绳吊球，不可选用坑洼不平地面的树木，避免学生练习时受伤。

七、简易拉力器

拉力器是一种较为普遍的健身器材，我们可以利用塑料管、饮料罐、粗橡皮筋、橡胶管等物品制作简易拉力器。该器材有管状握柄和饮料瓶握柄两种规格，具有制作简单、经济实用的特点，可以代替专业厂家生产的拉力器，进行相关的力量练习。

（一）管状握柄拉力器

1. 制作准备

PVC管、毛竹、粗橡皮筋、锯子、剪刀。

2. 制作方法

（1）握柄：分别截取两根长约15cm的毛竹或PVC管作为握柄。

（2）组合：用两根粗橡皮筋各穿过一个握柄并打结，将两根橡皮筋两头套接即可。如果用长橡胶圈可直接用一根分别穿过两个握柄，采用套接或打结的方式固定即可。（图7-1）

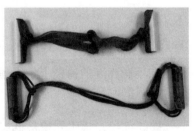

图7-1

3. 使用方法

与普通拉力器用法相同，可辅助进行上肢、背部、腿部等力量练习，也可两人配合进行多种方式练习。

4. 注意事项

（1）握柄的两头要打磨光滑，以免割断橡皮筋。

（2）可以不用握柄，直接手握多根橡皮筋进行练习；握柄也可以用粗绳子代替。

（3）根据学生的年龄及力量大小，可酌情增减橡皮筋的数量。

（二）饮料瓶握柄拉力器

1. 制作准备

铁质饮料罐、塑料饮料瓶、尼龙绳、粗橡皮筋、剪刀、螺丝刀。

2. 制作方法

（1）握柄：洗净饮料瓶（罐），用剪刀在塑料饮料瓶底钻一个洞（如果塑料饮料瓶底较厚，可先用火烤软再钻洞），铁质饮料罐可用螺丝刀直接在罐底中心开一个小洞，作为拉力器握柄。（图7-2）

图7-2

（2）组合：同管状握柄拉力器组合方法。（图7-3）

3. 使用方法

与普通拉力器用法相同，可辅助进行上肢、背部、腿部等力量练习，也可两人配合进行多种方式练习。

图7-3

4. 注意事项

（1）瓶子的直径不能太大，方便单手抓握的小塑料饮料瓶或者圆柱形铁质饮料罐为宜。

（2）用铁质饮料罐做握柄的，可用粗尼龙绳固定，因为橡皮筋长期使用，在开口处容易被划断。

（3）使用前，要查看橡皮筋和握柄是否牢固，以免受伤。

（4）进行铁质饮料罐钻孔时，务必注意安全，防止被开口处划伤。

八、自制杠铃

用废球、镀锌管、水泥、沙子等材料制作的简易杠铃，可以根据学生实际情况选择相应重量，具有制作简单、使用方便的特点，适用于中小学生进行力量练习。

（一）制作准备

统一规格的废旧篮球、排球、足球，长约 1.5m、外径为 2 ~ 2.5cm 的镀锌管，铁丝，水泥，沙子，剪刀，锯子，锥子，针线。

（二）制作方法

自制杠铃由杠铃杆、杠铃球、插销组成。

1. 杠铃杆

（1）将镀锌管做杠铃杆用，在镀锌管两端 30cm 处各焊接一块 U 形铁夹板（图 8-1），用以阻挡"杠铃片"向内滑动。

（2）在镀锌管两端 2cm 处各钻一小孔，用来穿"插销"（8cm 长的铁丝对折而成）（图 8-2）。

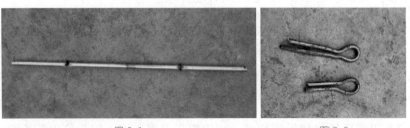

图 8-1   图 8-2

2. 杠铃球

（1）开注砂浆口：用剪刀将废旧球破损处剪开约 5cm 长的开口。

（2）挖固定孔：在开口两旁各剪两个以中心为对称点、直径约 2.5cm 的小孔，用于穿插套管。（图 8-3）

（3）套管：截取外径 2.5cm、长 28cm 的镀锌管，然后将镀锌管穿过球体两个对称小孔，使外露部分等长。（图 8-4）

图 8-3   图 8-4

（4）注砂浆：将沙子和水泥以 2:3 的比例混合加水搅拌成砂浆。将砂浆从注砂浆口注入球体，直到装满为止，然后将注砂浆口用针线缝合，待砂浆凝固后即可组装。

3. 组装

将杠铃杆两端分别穿过两个杠铃球中间的套管，然后用"插销"从镀锌管两端小孔内穿过固定。（图 8-5）

图 8-5

（三）使用方法

可进行站姿推举、杠铃前平举、杠铃提拉、杠铃蹲起、杠铃卧推、下斜杠铃卧推、上斜杠铃卧推、俯身杠铃划船、杠铃弯举、负重体侧屈、负重体旋转等练习。

（四）注意事项

（1）选取的镀锌管必须能够承受两个篮球（排球、足球）中水泥砂浆的重量，尽量选取厚度适中、质量较好的镀锌管，管外径以不超过 3cm 为宜。

（2）自制杠铃球内的砂浆被篮球（排球、足球）包裹，由于其重量较重，会对场地造成一定的损害，使用时要轻拿轻放。

（3）学生应根据自身能力选取不同重量的杠铃球进行练习。

（4）杠铃杆外径要与套管内径相一致或略小，以刚好能套接为准。若过于松动，球体容易脱落造成危险。

九、水泥哑铃

哑铃是力量练习的器材之一。利用塑料瓶和沙子、水泥制作的哑铃，具有制作简单、使用方便等特点；也可以利用儿童皮球、奶粉罐等材料制作不同规格的哑铃，以满足不同能力学生的锻炼需要。

（一）制作准备

饮料瓶，直径约 3cm、长约 40cm 的木棍（钢管），长约 4cm 的铁钉或粗铁丝，沙子，水泥，钳子，剪刀，直尺，锯子。

（二）制作方法

（1）裁剪：在距离瓶口约 7cm 处将塑料瓶剪断，取瓶身待用。（图 9-1）

（2）制作哑铃杆：在木棍左右两端 1cm 和 5cm 处各钉 1 根长 4cm 的钉子（图 9-2）；若用钢管，则在上述位置钻两个小孔，然后穿入铁丝。

（3）组装：将木棍或钢管两端放入瓶子中央，并将

图 9-1

搅拌好的砂浆（沙子与水泥的比例为 2∶3）装入瓶子，并将开口处抹平，然后放置 3 ~ 5 天等砂浆完全凝固即可使用。（图 9-3）

图 9-2　　　　　　　　　　　　　　　　　图 9-3

（三）使用方法

可进行平卧推举、平卧飞鸟、俯身侧平举、哑铃弯举、哑铃仰卧上举、哑铃负重深蹲、哑铃负重箭步蹲、坐姿哑铃颈后臂屈伸等练习。

（四）注意事项

（1）尽量选取优质的木棍或钢管，直径以 3cm 为宜。制作大重量哑铃手柄要选用优质钢管。

（2）根据学生的年龄及力量情况，选用各种矿泉水瓶、饮料瓶、奶粉罐等材料，制作不同规格的哑铃。

（3）教师可以让学生在劳技课上制作，以提升学生的综合实践能力。

十、可移动四面单杠

单杠是校园内常见的体育器材，主要用于悬垂、引体向上等相关单杠动作练习。引体向上不仅能锻炼上肢力量与躯干力量，而且是一些地区体育中考男生必考项目之一。本书介绍一款集便于搬运、可多人练习等优点于一身的新型单杠——可移动四面单杠的制作方法。

（一）制作准备

直径 11.4cm 的镀锌管、直径 2.8cm 的实心圆铁棒、切割机、电焊机、油漆。

（二）制作方法

（1）截取：截取 2.6m 长镀锌管 4 根（作立柱），1.5m 长铁棒 4 根（作横杠），1.4m 长铁棒 4 根（作固定杠）。

（2）焊接：将 4 根立柱底部成正方形竖立于地面，先用 4 根 1.4m 长铁棒分别焊接于 4 根立柱顶端之间，然后将 4 根 1.5m 长铁棒焊接于 1.4m 长铁棒下方约 20cm 处。

（3）喷漆：先将各切口和焊点打磨光滑，然后喷上防锈漆。（图 10-1）

图 10-1

（三）使用方法

（1）主要用于引体向上、直臂悬垂、屈臂悬垂、悬垂举腿等基础力量练习。

（2）自制单杠的正上方开口可作排球的垫（传）球、篮球投篮的目标物。

（四）注意事项

（1）各学校根据学生的身高制作高度适宜的单杠，以满足不同身高学生的需要。

（2）为了增加可移动四面单杠的稳定性，单杠整体需做成正棱台形（4 根立柱底脚需外展一定角度）。

（3）为了使可移动四面单杠对地面的受力更加均匀，可在立柱底脚上焊接圆铁片，或焊接一个"十"字形（对角焊接）铁片，这样既不影响练习，又能确保可移动四面单杠的稳定性和牢固性。

（4）若可移动四面单杠摆放的地面较为坚硬，建议在器械下方铺设垫子等缓冲物。

十一、六边形组合单杠

单杠是校园内常见的体育器材，主要用于悬垂、引体向上等相关单杠动作练习。其中，引体向上是学生体质健康测试项目和一些地区中考体育测试项目，因此，学校会购置单杠，以满足学生锻炼的需求。但采购的单杠基本上为横排单杠，不能合理地利用校园边角地带，而且稳定性不强。为此，我们设计了六边形组合单杠，集多种高度单杠于一体，既具有稳定性，又能关注学生的个体差异，可为体育教学提供更多的选择。

（一）制作准备

直径11.4cm的镀锌管，直径2.8cm的实心圆铁棒，直径1cm、长14cm的螺杆及螺母，混凝土，钻子，铲子，油漆。

（二）制作方法

下面以制作一款具有4种高度（1m、2m、2.15m、2.3m）、杠长1.5m的六边形组合单杠为例阐述制作方法。六边形组合单杠共需要6根立柱和横杠。

（1）截取：截取3m长、2.85m长、2.7m长镀锌管各2根（作立柱），截取1.66m长铁棒6根（作横杠）。

（2）打孔。

①立柱打孔：在6根立柱一端离端头3cm位置，打出直径3cm的孔（用于安装横杠），在其两侧90°位置各打1个直径1cm的孔洞（用于固定横杠）。

② 横杠打孔：在 6 根铁棒两端 8cm 处各打直径 1cm 的孔洞（用于穿固定螺杆）。

（3）挖洞：在安装地点根据六边形单杠大小进行定位，然后在 6 个定位处挖深度约 65cm、宽度约 40cm 的圆坑。

（4）安装：分别将 6 根立柱插入坑中，然后将 6 根横杠穿插在相连立柱上的打孔处，再用螺杆插入立柱上直径 1cm 的孔洞中（也要穿过横杠上孔洞），最后用螺母将其固定于立柱上。

（5）固定：微调位置后，六边形组合单杠的各立柱左右匀称，且与地面垂直；六边形组合单杠的横杠与地面平行；然后往圆坑中浇灌混凝土固定，浇灌高度略高于地面即可。（图 11-1）

（6）保养：保养 7 ~ 14 天，等混凝土完全硬化，最后在六边形组合单杠上喷漆或刷漆即可。

图 11-1

（三）使用方法

（1）学生可根据自己的身高及能力，选择高度适宜的单杠进行引体向上等练习。

（2）最低单杠可做斜身引体、仰式拉伸、高位俯撑（手撑横杠）等练习。

（四）注意事项

（1）为了对称美观，高度 2.3m 的横杠安装在高度 1m 的横杠对面，高度 2.15m 的横杠安装在高度 2.3m 的横杠两侧，高度 2m 的横杠安装在高度 1m 的横杠两侧。

（2）各学校可以根据学生的年龄选择适宜的单杠高度进行定做，以满足不同学生的需要。

（3）单杠下应铺上软垫，学生下落时可以屈膝缓冲，保护膝盖；对不慎跌落者也起到了保护作用；雨后也不会造成淤泥堆积，不会湿滑，安全系数高。（图11-2）

图 11-2

十二、十字跳杆

跳跃能力是一项非常重要的身体素质能力，在平时的体育课堂教学中，教师会让学生进行各种跳跃练习。跳跃练习一般分为有器械跳跃练习和无器械跳跃练习。用圆木棒制作的十字跳杆，具有制作简单、经济实惠、使用方便的特点，可用于趣味活动和跳跃教学练习，使学生在发展跳跃能力的同时还能锻炼平衡感。

（一）制作准备

圆木棒（直径约3.5cm），电钻，自行车轮胎皮，剪刀，砂纸，直径10 ~ 15mm、长约25cm的圆钢筋，卷尺，记号笔，榔头，钉子。

（二）制作方法

十字跳杆由跳杆和脚踏两部分组成。

（1）截取：将圆木棒截取1.5m作跳杆。用记号笔在圆木棒一端距离端头20 ~ 25cm处做标记，用电钻在标记处打孔。（图12-1）

（2）组合：将圆钢筋插入孔中作脚踏，并将跳杆调整至钢筋的中间位置（图12-2）；将自行车轮胎皮包在跳杆底部并用钉子固定（图12-3），避免跳杆底部对场地造成破坏，以及保护跳杆底部的木材。

图 12-1　　　　　　　图 12-2　　　　　　　图 12-3

（3）打磨：为了避免跳杆上的边角或毛刺将手划伤，用砂纸将跳杆整体打磨光滑。

（三）使用方法

学生双手抓握十字跳杆上端，先将一只脚踩在一侧的脚踏上，然后再将另一只脚迅速踩在另一侧脚踏上，在保持平衡的情况下，可进行原地连续跳跃或行进间跳跃练习（前、左、右、后方向），也可以进行十字跳接力比赛，提高学生的兴趣和积极性。（图 12-4）

图 12-4

（四）注意事项

（1）给脚踏安装处打孔时，孔径与圆钢筋直径要相同，不能太大，避免钢筋松动。

（2）可以在钢筋脚踏处缠绕一些粗布料（如棉布、帆布等），增加脚与钢筋踏板之间的摩擦。

十三、滚铁环

滚铁环，是一种民间传统体育项目，在 20 世纪六七十年代盛行全国，是那一代人的美好记忆。将民间传统体育项目引入校园，不仅传承了民间传统体育项目，而且丰富了课程资源。在滚铁环时，手持手柄推动铁环向前即可，还可以在铁环上套两三个小环，滚动时声音更响亮。

（一）制作准备

8号铁丝或直径5～12mm的圆钢筋、锯子、钢丝钳、铁锤、卷尺、电焊机。

（二）制作方法

滚铁环的器具由铁环和手柄（一端有U形钩）两部分组成。（图13-1）

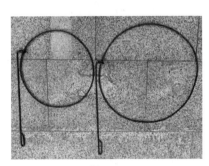

图13-1

（1）截取：用钢丝钳截取约157cm长8号铁丝用于制作铁环，截取约75cm长8号铁丝用于制作手柄。

（2）成形：将157cm长8号铁丝弯成圆形，将75cm长8号铁丝两端分别弯成U形和长方形。

（3）焊接：用电焊机将圆形铁环的连接处焊牢并打磨平整。

（三）使用方法

滚铁环口诀：一对二靠三推送。以右手滚铁环为例。一对：左手握铁环，右手握手柄，U形钩开口朝前；二靠：手柄靠于铁环（铁环垂直于地面），U形钩离地约一个拳头，并将U形钩底部靠于铁环；三推送：顺势将铁环向前推出，让铁环在地面上向前滚动，右手握住手柄也随之发力，用U形钩推着铁环向前。（图13-2）

（1）滚直线练习：学生站在起跑线后，按照直线跑的方式将铁环滚至终点。（图13-3）

（2）速度赛：学生人手一只铁环、一条赛道，采用滚铁环方式前进，用时最少者胜出。速度赛可分为个人赛与团体赛。（图13-4）

图13-2　　　　　　　　　　　图13-3　　　　　　　　　　　图13-4

（3）有氧耐力练习：学生在校园里的跑道、球场等适宜场地，沿着规定的路线滚铁环跑，在提升滚铁环技术的同时又享受别样的奔跑乐趣。

（4）滚铁环过障碍练习：将若干个标志筒按照一定间距摆成纵状或Z字形，学生滚铁环快速绕过标志筒抵达终点。

（四）注意事项

（1）为了保证铁丝弯成圆形，可以在地面上画一个同样大小的圆圈进行对比调整；若有条件建议使用弯管机进行加工，既省时又美观。

（2）手柄上端的抓手处，为了抓握手感更好，可以用圆木代替。先在圆木上打孔，然后将手柄的铁丝上端插入圆木孔中并固定。

（3）可以制作30cm、40cm、50cm等各种不同直径的铁环，满足不同学生的需要。

（4）若用圆钢筋制作则更有重量，滚动效果更好。

（5）可以用不锈钢圆条制作，既美观又不生锈。

（6）可以在铁环上套若干个小环，铁环滚动时发出的声音更大，氛围更强，可以提升学生的练习兴趣。

（7）可以将 U 形开放式铁环改成闭合式，防止手柄和铁环脱离。

（8）铁环也可用废弃自行车钢圈、竹藤圈或者呼啦圈来制作，感受不同材质之间滚环的区别。

十四、毽子

踢毽子是一项简便易行的健身运动，也是一项民间传统体育活动。踢毽子以下肢肌肉的协调运动为主，可以增强关节的稳定性，提高关节的柔韧性和身体灵活性，促进血液循环和新陈代谢。用布、塑料袋、毛线、包装带、报纸、羽毛等材料制作的毽子，具有用材广泛、制作简单、使用便捷的特点。

（一）布毽子

1. 制作准备

布片、纸、绳子。

2. 制作方法

在一块正方形的布片当中放一个小纸团，用绳子的一端打结扎紧即可。（图 14-1）

3. 使用方法

可手持绳子的另一端进行踢毽子练习，还可进行多样化游戏。

图 14-1

4. 注意事项

布毽子芯可根据需要选择纸团或者稍重的小沙包等物体。

（二）塑料袋（布条）毽子

1. 制作准备

塑料袋（布条）、剪刀、皮筋、垫片。

2. 制作方法

（1）剪条：将塑料袋（布条）剪成宽约
1cm、长约25cm的条状。

（2）散圆：将剪好的若干塑料条（布条）
摆成一个圆形。

（3）做芯：把垫片放在塑料条（布条）
摆成的圆形的圆心上，可多放几个，以免毽
子过轻。

（4）固定：用皮筋把垫片包起来，并扎
在圆心的条带上，简单的塑料袋（布条）毽
子就制作完成了。（图14-2）

图14-2

3. 使用方法

可进行单人的盘、绷、拐、磕、抹、背、勾、踹等踢毽子动作练习，也可进
行双人练习或者集体练习。

4. 注意事项

（1）垫片要稍大、稍重，让毽子变得沉稳，踢起来会更灵活。

（2）塑料袋尽量选择材质柔软的，布条也不宜太厚。

（三）毛线（包装带）毽子

1. 制作准备

毛线（包装带）、剪刀、垫片、细铁丝。

2. 制作方法

（1）剪条：将毛线（包装带）剪成20~25cm长的条。

（2）做芯：将剪好的毛线条（包装带条）分别在垫片上打结，直至把垫片
全部裹住；也可以将若干毛线条合并，然后用细铁丝扎在毛线中间并固定在垫
片上。

（3）修剪：把所有毛线条（包装带条）向四周均匀展开，并修剪整齐。

（图 14-3）

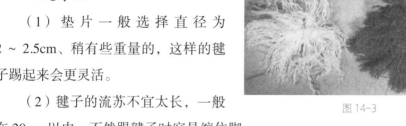

图 14-3

3. 使用方法

可进行多种踢毽子的练习，也可进行掷远、掷高、各种抛接等形式的练习。

4. 注意事项

（1）垫片一般选择直径为 2 ~ 2.5cm、稍有些重量的，这样的毽子踢起来会更灵活。

（2）毽子的流苏不宜太长，一般在 20cm 以内，不然踢毽子时容易缠住脚。

（3）若用包装带做毽子，应尽量将包装带撕成细条状。

（四）报纸毽子

1. 制作准备

废报纸、剪刀、垫片、皮筋。

2. 制作方法

（1）剪条：把 2 张废报纸对折，把两边剪成流苏状，中间留出约 10cm 不剪。

（2）做芯：打开剪好的报纸，把 2 个垫片放在中间留出的位置上。

（3）卷裹：把报纸包裹住垫片卷好，用皮筋扎好即可。（图 14-4、图 14-5）

图 14-4　　　　　　图 14-5

3. 使用方法

可进行单人或双人踢毽子练习，也可两人各持一本书、硬纸板或乒乓球拍进行打毽子比赛，比赛规则可参照羽毛球比赛规则。

4. 注意事项

报纸毽子流苏容易断裂，一般适合初学踢毽子者使用。

（五）羽毛毽子

1. 制作准备

鸡毛或鸭毛、吸管、皮筋、垫片、胶带、纸。

2. 制作方法

（1）底座：将吸管剪成 2cm 的长度，吸管的一端十字剪开，剪开的吸管穿过垫片，吸管顶部向外拆开并用胶带贴住固定。

（2）固定：将皮筋扎在吸管的另一端，防止吸管掉出垫片。

（3）加重：在吸管外围套上几张小圆纸片，再放垫片。

（4）插管：把羽毛插在吸管内，并用胶带再次加固，羽毛毽子就制作完成了。（图 14-6）

图 14-6

3. 使用方法

可进行多种踢毽子的练习。

4. 注意事项

（1）垫片一般选择直径为 2 ～ 2.5cm、稍有些重量的，这样的毽子踢起来会更灵活。

（2）在选择羽毛时，一般采用鸡毛，因为鸡毛更加柔软。

（3）做羽毛毽子的时候，羽毛固定在吸管内，用胶带多固定几遍或用强力胶水固定，以免羽毛掉落。

（4）羽毛毽子踢时相对较难控制，一般适合有踢毽子基础的学生。

第二部分 教学辅助类

十五、标志帽

标志物是学校体育课堂教学及课余训练中常用的器材，一般常用于接力比赛、障碍跑、节奏跑等。中小学校的标志物一般采用简易跳高架、标志杆、标志筒、路锥等器材，但在实践中存在一定的安全隐患和搬运不便等问题。利用废弃排球制作的标志物，可以代替常用的标志物，还解决了上述两个问题。由于其形状似帽子，故命名为"标志帽"，具有取材方便、制作简单、有立体感、携带方便的特点，适合中小学校推广使用。

（一）制作准备

废弃排球、记号笔、尺子、剪刀、油漆。

（二）制作方法

（1）画圆：取一个废弃排球，先将其充足气，然后手握两支记号笔（笔头相距 7cm 左右），一支定点作圆心，另一支绕着圆心画圆（图 15-1），用同样方法继续画圆，直到球体表面画满为止。若球体漏气速度极快，充气后满足不了画圆所需的基本时间，可先将球体的一半顶向另一半，成半球体，然后将其扣在充足气的排球上，这样就可以在球体表面画圆了。

（2）裁剪：用剪刀沿着画好的圆边线剪切（图 15-2），剪切完毕，在剪好的排球圆片圆心位置上再剪出一个直径约 3cm 的圆洞（图 15-3），这样标志帽就制作完成了（图 15-4）。

图 15-1

图 15-2

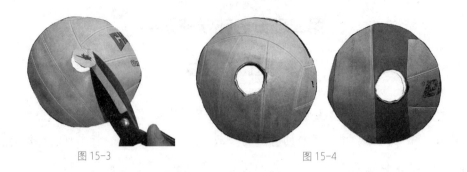

图 15-3   图 15-4

（3）上漆：为了使标志帽在使用时具有醒目性，可在标志帽的表面涂（喷）上红、黄等色彩明亮的油漆，原来已有色彩的排球可不用上色。

（三）使用方法

（1）标志物：可广泛运用于体育课堂教学及课余训练中，如用作节奏跑标志、障碍跑标志、折返跑标志、轮滑障碍物等。

（2）球托：每个标志帽都是一个小球托，上球类课时，可将标志帽放置在场地上，然后将球放在上面。

（3）飞盘：可用标志帽作简易飞盘进行互接互抛的练习。

（4）投掷：可用标志帽进行投远、投准练习，也可以用标志帽玩套圈游戏。

（四）注意事项

（1）也可以用废弃足球、篮球制作。

（2）画圆时，尽量保持圆与圆之间为外切或微微外离的位置关系，合理利用废弃球。

（3）手握两支记号笔画圆时可能因半径变化而走形，为了确保半径一致，又能快速、稳定地画圆，可用细绳、小木棒将两支笔连接成三角形，组成一个稳定的"圆规"，再画圆就容易多了。

（4）如果以7cm为直径画圆，每个成人排球或青少年排球可制作6个标志帽，每个儿童排球可制作5个标志帽。

（5）根据实际需要，可以适当增加标志帽的直径，也可以将标志帽正中间的开口直径调整到 5 ~ 8cm，这样在做球托时，球放在上面会更稳定。

（6）为了不浪费废弃球，建议将气嘴位置作为画第一个圆的圆心。

十六、排球垫球辅助带

正面双手垫球是各种垫球技术的基础，适合于接发球、接扣球、接拦回球等。在初学排球垫球时，常见易犯的错误动作有：两手掌根在击球时夹不紧而分开，造成漏球；击球时手臂易弯曲或抬臂过高，导致球向上或向后方飞行；垫球时腿伸直，只是借助手臂上抬垫球，没有蹬地、跟腰动作，使重心向前上方移动，不能体会正确的发力顺序；击球位置不正确，容易用拇指或指根部位击球，影响垫球效果等。

为此，根据市场上不同形状和规格的松紧带，利用其伸缩性以及安全、方便、实用、价廉等特点，我们通过不断思考与实践，最终成功地将松紧带开发为排球垫球的辅助器材——排球垫球辅助带。辅助带的使用大大地提高了垫球教学的效果，加快了学生对垫球技术动作的掌握，深受广大学生的喜爱。同时，辅助带上有 4 个手环，可满足小学、初中和高中三个学段学生的需求。

（一）制作准备

2 ~ 5cm 宽扁形的松紧带、剪刀、针线或缝纫机、尺子、记号笔。

（二）制作方法

辅助带由手环、脚环和中间连接带三部分构成。

（1）剪料：将松紧带剪成长约 180cm。

（2）缝接成圈：将剪成长约 180cm 的松紧带两端重叠 2 ~ 3cm，然后用针线或缝纫机将重叠的部分缝合固定，让松紧带形成一个圆圈。

（3）做记号：先将松紧带圈拉直，形成两条重叠的直线，平铺在桌面上。接着从一边的端点开始量，每隔8cm用记号笔做一标记，取4段8cm（作手环）；同样方法，从另一端12cm处做标记（作脚环）。（图16-1）

（4）缝手环、脚环：用针线或缝纫机分别在4个8cm记号处将两层松紧带缝合，这样就形成了4个手环；用针线或缝纫机在12cm记号处将两层松紧带缝合形成脚环，这样，一条排球垫球辅助带就制作完成了。（图16-2）

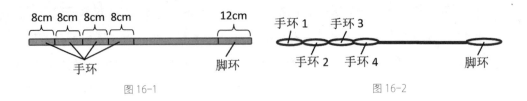

图16-1   图16-2

（三）制作原理

由于松紧带具有伸缩性，将松紧带环套在两手手腕上，既不会出现两手掌根处分开的现象，也方便屈膝下蹲做好准备姿势。在两臂由下而上抬臂击球时，松紧带会产生一个向下的牵引力，使肘关节不易弯曲；同时，手臂越抬高越费力，限制了手臂抬得过高。

（四）使用方法

1.双手固定法

取一条制作好的排球垫球辅助带，先将辅助带的脚环套在任意一只脚上（图16-3），然后将手环套在两手手腕上（图16-4）。图16-5为演示图，图16-6为实操图。另外，松紧带可作为手上的标志，要求垫球位置在套在手腕上的松紧带以上部位。

主要辅助练习以下动作：

（1）原地做徒手模仿垫球动作练习。

（2）垫固定球：两人一组，一人持球于腹前，另一人用垫球动作击球，体

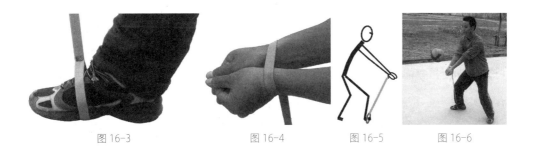

图 16-3　　　　　　图 16-4　　　　　　图 16-5　　　　　　图 16-6

会击球动作。

（3）垫抛球：两人一组，间隔 2m，一人抛球，一人垫球。

（4）自抛自垫。

（5）对墙连续垫球。

优点：主要适用于初学者，可以纠正垫球位置不准、掌根易分开、屈肘弯臂、发力不正确（先屈膝后蹬腿）、抬臂过高等问题，基本上用于原地垫球练习。由于准备了 4 个不同高度的手环，可以满足不同身高的练习者。

缺点：由于双手固定，不便于移动。

2. 单手固定法

先将辅助带的脚环套在脚上，手环套在同侧手的虎口上（图 16-7 为实操图，图 16-8 为演示图，图 16-9 为垫固定球）。同样，也可以每人准备两条辅助带，手环、脚环分别套在两只手、脚上（图 16-10 为演示图，图 16-11 为实操图）。

主要练习方法：基本同双手固定练习法，外加近距离的移动垫球练习。

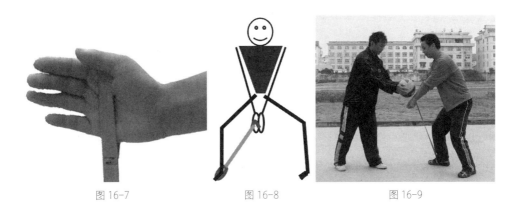

图 16-7　　　　　　　图 16-8　　　　　　　图 16-9

优点：由于是单手固定牵拉，垫球前，两臂可做到自然下垂置于腹前。可纠正屈肘弯臂、发力不正确（先屈膝后蹬腿）、抬臂过高的问题。由于准备了 4 个不同高度的手环，可以满足不同身高的练习者。

缺点：不能纠正掌根分开现象，不利于长距离的垫球练习。

图 16-10　　　　　　　图 16-11

（五）注意事项

（1）初学者先采用双手固定法，熟练后再采用单手固定法进行垫球。

（2）学生可根据身高和力量选择手环。

（3）松紧带的长度可根据学生身高自行调整。

（4）为了提高缝合速度和质量，最好使用缝纫机进行缝合。

（5）采用单手固定法练习时，如果用一根垫球辅助带，由于拉力作用于单手上，部分手臂力量较弱的练习者会产生不适感。为此，采用单手固定法垫球时最好每人佩戴两条垫球辅助带，这样可以保证手臂均衡受力。

十七、多功能体操垫套

当前，普通体操垫由外套和内芯组成，外套由帆布、牛津布或人造革等做成，内芯由发泡海绵、高密度压缩海绵和高密度聚乙烯等做成。体操垫主要分小体操垫和大体操垫两种。其中，小体操垫又称折叠垫，常用规格为 100cm×50cm×5cm 和 120cm×60cm×5cm 两种；大体操垫常用规格为 200cm×100cm×10cm 和 200cm×120cm×10cm 两种。由于经常使用，时间一久，体操垫外套会出现不同程度的污渍、磨损甚至破洞，如果要对外套清洗、修补或换新，也比较烦琐，因此学校往往会选择废弃处理。这样，既造成了学校体育器材资源的损失，又会因体育器材的不足而影响正常的教学工作。

多功能体操垫套由帆布、牛津布等加工成长方体或正方体（符合相关规格体操垫的大小），在其中一宽边中间位置配上一条长拉链。垫套上印有各种技巧图解，可以帮助学生更有效地学习技术动作，且具有便捷的拆、洗、套等优点。多功能体操垫套的使用，相当于给体操垫加了一个保护层，既保持了原垫外套面的整洁，又使原垫的使用寿命得到了延长。

（一）制作准备

帆布（牛津布或人造革面料）、拉链（采用双头、双向尼龙拉链，金属拉头，型号 3 ~ 6 号）、针线或缝纫机、剪刀。

（二）制作方法

多功能体操垫套由垫套和印在垫套上的图解组成。

（1）裁剪：根据体操垫的规格大小，将布料剪成 6 块或 4 块，每块布料都要预留约 3cm 的缝边位置。6 块分别为上、下面，两条长边和两条宽边，其中一条宽边要比另一条宽边长 20cm，用于安装拉链；4 块分别为上、下面，一条宽边安装拉链（也要长 20cm），另一块由一宽边两长边组成。

（2）印图解：根据不同的学习内容，分别印制相应的技巧图解。一般情况下，技术动作图片和文字说明采用白色颜料印成。（图 17-1、图 17-2）

图 17-1　　　　　　　　　　　　　　　　　图 17-2

说明：图解可先做好模板，然后用喷漆或漆泥涂上，最好找广告商或体育器材商制作。

（3）缝纫：将印制好的布块和长、宽边拼合缝线，组成垫子样式，各边接合处均缝成明线，接着在一宽边布条中间缝上拉链，然后将其缝接在一起。图17-3为大体操垫套效果图，图17-4为小体操垫套效果图。

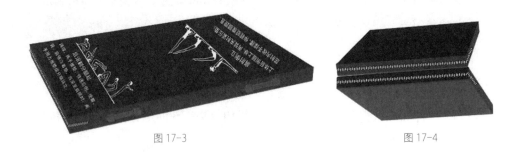

图 17-3　　　　　　　　　　　　　　　　　图 17-4

（三）使用方法

（1）作为体操垫的配套用品，可以广泛运用在各种体操垫、跳高垫、柔道垫、瑜伽垫、散打垫、跆拳道垫、健美垫、摔跤垫上，尤其适宜学校体育中的以滚翻、平衡为主的技巧教学。体育教师可以根据授课需要，及时更换需要的垫套来上课，这样既可较好地保护体操垫，又可利用印在垫套上的各种技巧图解充当教学挂图，帮助学生更有效地学习技术动作。

（2）作为其他体育教学或游戏的道具，如袋鼠跳的布袋，装球用的球袋等。

（四）注意事项

（1）拉链一般放置于宽边，为了方便拆装，拉链的长度要比宽边长20cm（拉链向两边各延长10cm）。

（2）垫套的布料可用传统的绿色布料制作，也可以选用蓝色、红色、黄色等布料制作，色彩悦目，避免审美疲劳。

（五）附图说明

下面结合制作方法对多功能体操垫套附图说明。

图 17-5 为大体操垫套透视结构图，图 17-6 为小体操垫套透视结构图，图 17-7、图 17-8 为小体操垫套图解示例，图 17-9、图 17-10 为大体操垫套图解示例。

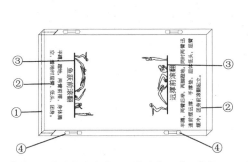

①拉链；②动作文字说明；③动作图片；④提手。

图 17-5

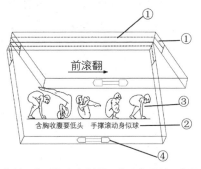

①拉链；②动作文字说明；③动作图片；④提手。

图 17-6

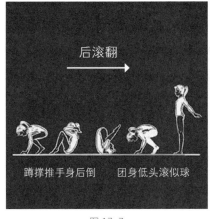

图 17-7

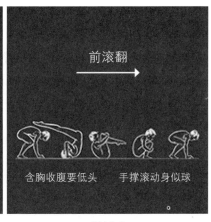

图 17-8

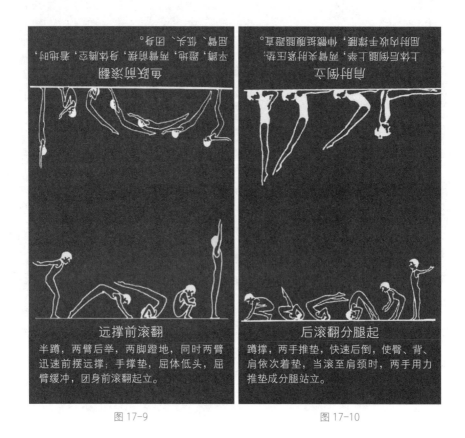

图 17-9   图 17-10

正面横翻

上体与两臂左上举，并紧水平用力摆向前向下倒，同时两手依次撑垫，当身体接近倒立时两手用力推垫。

侧手翻接前滚翻

侧手翻，侧倒地，两臂与腿成倒立，身体过竖直后，收腹，低头，团身。

远撑前滚翻

半蹲，两臂后举，两脚蹬地，同时两臂迅速前摆远撑，手撑垫，屈体低头，屈臂缓冲，团身前滚翻起立。

后滚翻分腿起

蹲撑，两手推垫，快速后倒，使臀、背、肩依次着垫，当滚至肩颈时，两手用力推垫成分腿站立。

十八、篮球投篮瞄准器

在篮球投篮教学中，教师一般会让学生瞄准篮筐正中心或篮板（打板的情况下）投篮。以中国职业篮球联赛（CBA）为例，大多数篮球运动员的投篮为空心球，可想而知，理想的瞄准点应该是篮圈中心点，而篮圈中心点是一个虚拟目标，并不真实存在。为此，我们利用橡皮筋和网球制作了篮球投篮瞄准器，利用橡皮筋的伸缩性，既不影响投篮效果，又能给学生一个真实、直观的瞄准目标点，特别适合初学者进行投篮练习。

（一）制作准备

篮筐、网球、橡皮筋、剪刀、螺丝刀、梯子。

（二）制作方法

（1）打孔：用剪刀尖头在网球表面穿两个对称的小孔。

（2）组合：先取一段长约50cm的橡皮筋，借助螺丝刀将橡皮筋穿过网球两个对称的小孔（图18-1），然后给靠近网球两侧的橡皮筋分别打结（避免网球在橡皮筋上左右移动）。这样篮球投篮瞄准器即制作完成。

图18-1

（3）安装：借助梯子，将制作好的篮球投篮瞄准器两侧的橡皮筋固定在篮球架的篮筐上（网球在篮筐的圆心位置，并尽量保持橡皮筋呈水平状）。（图18-2）

图18-2

（三）使用方法

在教学过程中，教师让学生瞄准网球进行投篮，当篮球投中篮筐后，橡皮筋受力被拉长，篮球自然下落；当篮球穿过篮筐后，橡皮筋收缩回到原始状态，又可以为下一次投篮作目标。（图18-3）

图18-3

（四）注意事项

（1）橡皮筋的松紧要适度，不能过松，否则会影响回弹；也不能过紧，否则会影响篮球的下落。

（2）在安装投篮瞄准器的时候，要注意安全，需要有人帮扶梯子。

十九、不倒翁标志杆

利用不倒翁原理,用废旧篮球(足球、排球)、竹竿、砂浆等制作的不倒翁标志杆,具有制作简单、使用安全、高度可调等特点。在教学或训练中,由于不倒翁标志杆拥有低重心、不易翻倒的特征,既能节省教学时间,又可以增加学生的练习密度,是一款值得推荐的自制体育器材。

(一)制作准备

废旧篮球(足球、排球),沙子,水泥,长约 10cm 的铁钉,补鞋针锥及线,废旧棉花(布料),外径 2.5cm、长约 25cm 的 PVC 管,外径 2cm、长度不等的 PVC 管(竹竿),长约 30cm、宽约 20cm 的长方形红色布料,剪刀。

(二)制作方法

不倒翁标志杆由底座和小旗两部分组成。

1. 底座

(1)球体:用剪刀将废旧篮球剪成两半。(图 19-1)

(2)套管:在外径 2.5cm、长 25cm 的 PVC 管一端的 1cm 和 2.5cm 处各钻一个小孔,然后用长约 10cm 的铁钉分别穿过两个小孔。(图 19-2)

图 19-1　　　　　　　　　　　　　图 19-2

(3)组合:将半球水平放置于桌面上,将穿好铁钉的 PVC 管垂直放置于球底面中心处(铁钉端朝下);然后从球外部(底部及周围)向内均匀穿入若干铁钉(图 19-3),目的是增加砂浆(沙子与水泥按一定比例混合)与球体的黏合性，防止球体与砂浆分离；最后在球体内添加砂浆，填至球体约五分之四即可（图19-4）。

（4）封盖：在另一半球底部正中剪一个直径约3cm的小洞。

（5）缝合：待砂浆完全凝固后，在半球内装入废旧棉花（图19-5），并将剪有小洞的半球盖于其上，用补鞋针锥、线将两个半球边缘缝合（图19-6）。

图19-3　　　　　图19-4　　　　　图19-5　　　　　图19-6

2. 小旗

将长方形红色布料沿着宽边反折4cm，然后缝合两边。将制作好的小旗，套入外径2cm的PVC管（竹竿）。

3. 组装

根据实际需要，将不同长短的旗杆（带有小旗）插入底座中的塑料管。（图19-7）

图19-7

（三）使用方法

教学时，将不倒翁标志杆按要求进行放置，用于障碍设置、方向指引、警示提醒、划定区域等，也可用于接力跑或绕杆跑、足球、篮球的辅助教学。

（四）注意事项

（1）底座的套管内径应与旗杆（插杆）的外径大致相同或略小，这样便于放置。

（2）为了让旗杆更为醒目，可以在旗杆上刷上红白相间的油漆。

（3）为了确保球体与砂浆不易分离，可以用铁丝将外插铁钉与套管上铁钉捆绑，增加其牢固性。

（4）可以在旗杆上固定一个人形的平面板，用于篮球、足球教学中作防守人。

二十、教练排球

·众所周知，在排球扣球的教学中，特别是在学生初学扣球动作时，为了规范学生的扣球手型和增加学生的练习密度，一般采用拉教练球的辅助练习方法。由于对教练球的需求量不大，在中小学体育器材设施配备目录中也没有教练球器材，一般学校也不会采购教练球，这样就会影响到排球的教学工作和课余训练。为此，我们分享如何动手自制简易的教练排球，以满足排球教学的需要。

（一）制作准备

废弃排球、完好排球、废弃自行车内胎、边角废海绵或布条、剪刀和绑线。

（二）制作方法

1. 直穿式

取一个废弃排球，用剪刀将气嘴处剪掉，然后在气嘴正对面的球体处再剪开一个直径约 3cm 的口子，用一条废弃自行车内胎穿过球体上的两个口子，最后通过开口处往球体内填充适量的边角废海绵。（图 20-1）

图 20-1

2. 环抱式

将废弃自行车内胎用剪刀剪成宽约 3cm 的条状，共剪 8 条，接着将 8 条剪好的内胎对齐，将它们均匀排成圆形后并成一股，也就是裁剪的 8 条内胎不重叠。

然后在中部用绑线打结系牢，在距打结 31cm 处同样用线绑牢。然后取一个完好排球，将球体内的气体放掉三分之二后，再将其放入两头绑牢的 8 条内胎条中，最后重新给排球充气，让内胎条均匀分布在球体表面。（图 20-2）

图 20-2

（三）使用方法

（1）排球教学：将制作好的教练排球绑在篮球架、单杠、平梯、肋木、树干、排球网柱等固定物上，用于扣球、吊球、发球、拦网等练习；也可采用一端固定，另一端用手拉的方式（可以随意调整扣球的高度）。

（2）摸高器：将教练排球挂于高处，用于摸高练习，发展学生的下肢力量和爆发力。

（四）注意事项

（1）练习时，如果用来横拉固定的内胎长度不足，可在教练排球两端续接。自行车内胎也可以用弹力带来代替。

（2）制作直穿式教练排球，使用的是废弃排球，优点是经济实惠，制作简单方便；缺点是由于球体内部是填充物，在扣球练习时，没有击打常规排球的手感。制作环抱式教练排球，使用的是完好排球，优点是学生能较好地体验常规排球的击打手感，缺点是由于采用环抱式，随着击打时间的增加，固定在球体外表的内胎会出现损伤、老化而断裂。因此，各校可根据需要选择不同的制作方式。

二十一、管道人

在体育教学、训练中，经常会以人作为"器材"，如篮球教学中的消极防守人、接力跑中的标志人、呼啦圈套圈的目标物等。而利用 PVC 管制作的假人，在体育教学中可作为防守人、标志物、目标物、支架等，让器材代替人，增加学生的练习密度。

（一）制作准备

选用直径 7.5cm 的 PVC 管，其中直管 4m，顺水四通 1 只，顺水三通 1 只，45° 弯头 2 只，90° 弯头 2 只，斜三通 1 只，管箍 2 只。另准备铁锯、卷尺、废弃篮球、铅笔、记号笔、剪刀。

（二）制作方法

管道人由身体和头两部分组成。（图 21-1）

1. 身体制作

（1）锯料：将直管分别锯成 30cm 一段、21cm 四段、28cm 两段、29cm 四段，分别用作管道人的颈部、上肢、躯干、下肢的直段。另锯一段 100cm 直管用作管道人的支撑管。

图 21-1

（2）组装：由下至上组装。①下肢：将 1 只顺水三通、2 只 90° 弯头和四段 29cm 直管连接（90° 弯头两端接直管，作膝关节），2 只管箍套在纵向直管（小腿）底部作脚。②躯干：两段 28cm 直管分别连接在斜三通正对的管口处，躯干下方直管与下肢三通连接，然后将 100cm 的支撑管插入斜三通的斜管口，使两脚和支撑管形成三足稳定状。③上肢：将顺水四通一管口插入躯干上方管口，然后用两段 21cm 直管和 1 只 45° 弯头相接成一侧手臂状（45° 弯头接在两段直管中间，作肘关节），同样方法连接另一侧手臂。④颈部：将 30cm 直管插入顺水四通最上方管口作管道人的颈部。

2. 头部制作

（1）挖洞：先用 PVC 管口抵住废弃篮球，用铅笔沿管口外沿画一圆圈，再用剪刀沿篮球上的圆圈线内侧将篮球剪开，然后将篮球套在颈部直管上。

（2）画笑脸：先用铅笔在篮球表面画一个笑脸草图，然后用记号笔绘成正图。采用同样方法在笑脸正后方再画一个不同的笑脸。

（三）使用方法

（1）防守人：在篮球技战术教学中运用，如运球过人、二打一、三打二等，用管道人作消极防守人。（图21-2）

（2）套圈：套圈者手持呼啦圈向一定距离外的管道人投准，呼啦圈套中管道人的头部或手臂为有效。（图21-3）

（3）球门：管道人下肢组成一个小型足球门，用于足球射门练习。

（4）投准：将水桶或纸篓固定在管道人前面，投掷者站于一定距离外，用手将纸球、沙包、毽子投向水桶或纸篓，也可将投掷物放在脚面上进行踢投。（图21-4）

图 21-2　　　　　　　　　图 21-3　　　　　　　　　图 21-4

（5）标志人：在接力跑比赛中，管道人作折返处标志人，也可用于挂（系）带接力赛，每名队员将手中的布条挂在管道人身上。

（6）教学支架：将所需的教学挂图先用夹子夹于硬纸板上，然后挂在管道人身上，方便教师讲解（图21-5）；也可将其作为挂衣架，用来放置学生的衣服。

图 21-5

（7）小型篮球架：将呼啦圈固定在管道人上举或前举的上肢上，呼啦圈呈垂直状或水平状，便成一个小型篮球架，用于投篮练习。

（四）注意事项

（1）管道人的躯干、四肢和整体高度，可根据需要自主调整，但要注意符合人体结构比例。

（2）上肢的肘关节处可用90°弯头，也可以用45°弯头和90°弯头组合使用，变成叉腰状。

（3）笑脸图案可上网搜索，选择合适的笑脸作为模板。

（4）为了让管道人更形象、更美观，可用方格、斜纹反光胶带粘贴在管道人的躯干、四肢部位。

（5）各部位连接时最好不要使用PVC胶水，以方便随时拆卸和搬运。

（6）可在两只脚和支撑管下面安装万向轮，最好带刹车功能，这样便成为一个可移动的管道人。安装万向轮时，要先在管口处塞入一小段外径比管口内径略小的圆木，用作万向轮固定的基座。

二十二、简易防守人

利用PVC管、U形卡扣、标志杆等材料制作适宜体育教学的"防守人"，不仅制作简单、取材方便，便于随时拆卸和搬运，还能提高学生练习的积极性，满足对抗性项目练习的需要。

（一）制作准备

PVC管（外径1.6cm、2cm、2.5cm）、U形卡扣、45°弯头、90°弯头、标志杆、木条、废纸、胶带、木螺丝、剪刀、锯条、螺丝刀、锤子、美工刀、卷尺、记号笔。

（二）制作方法

防守人由头部、上肢、下肢和躯干四部分组成。我们根据外观形象设计了初级版和改进版两种防守人。

1. 初级版

（1）头部制作：将废纸揉成直径 10cm 大小的球状，用胶带四周缠绕固定。为了美观，可用闪光纸或色纸裹在最外层，然后画出眼睛、嘴巴等五官来增加其生动性。

（2）上肢制作：截取 2 段长 40 ～ 60cm、外径 1.6cm 的 PVC 管，从木条上截取长度 5cm 左右的小木块，经修整和 PVC 管内径相吻合，插入 PVC 管一端（图 22-1），然后用螺丝将 U 形卡扣固定在木块上（图 22-2）。

（3）下肢制作：截取 2 段长 30 ～ 35cm、外径 1.6cm 的 PVC 管，制作方法同上肢。

（4）躯干制作：躯干一般可直接使用学校的标志杆（也可根据不同的需要，在标志杆上端口插入 PVC 细管增高）。若没有标志杆，可用长约 150cm、外径 2.5cm 的 PVC 管插入砂浆（作底座）硬化而成。

（5）组装：标志杆立于地上，分别将防守人的上肢和下肢的一端 U 形卡扣卡入标志杆的不同位置，最后在纸球底部挖洞插于标志杆顶端即可。（图 22-3）

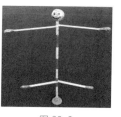

图 22-1   图 22-2   图 22-3

2. 改进版

（1）上肢改进：截取 2 段长 20 ～ 30cm、外径 2cm 的 PVC 管，取其中一段 PVC 管采用原来的上肢制作方法，形成上臂；另一段 PVC 管作前臂但不用加工，而用 45° 弯头将上臂和前臂连接成一条弯曲的手臂。同样方法再做另一条手臂。

（2）躯干改进：取外径 2cm 的 PVC 管，分别截取长 8 ～ 10cm、20 ～ 25cm 的 PVC 管各 2 段，采用同样方法在每段 PVC 管的一端用 U 形卡扣固定，然后用

45°弯头将一长一短的2段PVC管的另一端进行连接。

（3）组合：参照初级版组合方式进行组合，需要注意的是，躯干下端U形卡扣固定在标志杆上，躯干上端U形卡扣固定在上臂上，形成支撑上臂状。（图22-4）

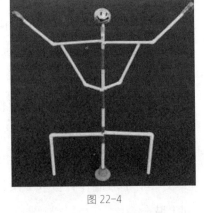

图22-4

（三）使用方法

简易防守人主要用于篮球教学中作消极防守人，如运球过人（图22-5）、二打一、三打二等；可以作为障碍跑的障碍物，或用其进行篮球、足球的曲线运球练习，增添学习的趣味性；也可以作为教学挂图支架，方便教师的图示讲解。

图22-5

（四）注意事项

（1）为了避免学生被防守人戳伤，防守人的管口处须打磨平整，将其四肢的末端用广告横幅、报纸等软物包裹，再用胶带进行缠绕固定（图22-6），制作成手掌、脚掌。

图22-6

（2）在制作过程中，要注意PVC管的外径与45°弯头、90°弯头的管径相对应。

（3）防守人的大小、规格要根据不同年龄学生的身高来调整，但要注意符合人体结构比例。

（4）上肢的灵活性在于模拟防守

时的手部动作变化，下肢可调整为开立、内敛式马步动作。在有风时，将防守人下肢向后调整，与标志杆形成一个三角形，更具稳定性。

二十三、线型篮筐

投篮得分是篮球比赛的最终目的。投篮技术是篮球技术教学与战术配合的核心。在体育课堂教学中，由于学生人数多、篮球场地少，学生不能及时体验投篮的感觉；且篮球场地范围过大，也不利于课堂教学的组织，特别是在新授各种投篮技术时，不能较好地保证学生的练习时间。而在两个篮筐之间横拉一条绳子来代替篮筐，既节约了多个场地组织调动的时间，又能满足一个班一片场地的投篮需要，可谓一举多得。线型篮筐由丙纶绳和三角串旗组合而成，具有制作简单、取材方便、色彩鲜艳、使用与回收方便的特点，可广泛用于篮球投篮技术的教学，以缓解场地不足，提高课堂组织效率，增加学生练习时间和提高学生学习效率，是一种值得推广的教学辅助器材。

（一）制作准备

直径 5 ～ 10mm 的丙纶绳、三角串旗、胶带、剪刀。

（二）制作方法

取长约 36m 的丙纶绳，将绳子一端固定并拉直绳子，然后用胶带把三角串旗固定在绳子上（图 23-1），每面三角串旗两端都用胶带固定，直到绳子和三角串旗二合一即完成制作。为了节约成本和制作时间，建议绳子两端各留约 3m 距离不固定三角串旗，

图 23-1

用于固定线筐。

（三）使用方法

线型篮筐的使用方法主要由抛、拉、系三步完成，可一人完成，也可两人合作完成。

图 23-2　　　　　　　图 23-3

（1）抛：先在做好的线筐的一端拴上小重物（如装有半瓶水或沙子的塑料瓶、大胶带等），然后将重物抛过篮筐（由上向下穿过篮筐），采用同样的方法将线筐的另一端穿过另一个篮筐。（图 23-2）

（2）拉：若两人合作完成，则两边同时用力下拉绳子，使线筐上升至处于水平直线状态；若只有一人固定，则要先固定好绳子一端，再拉紧另一端。（图 23-3）

图 23-4

（3）系：将线筐的两端绳子分别固定在篮球架立柱上，即完成线筐的固定。（图 23-4）

（四）注意事项

1.一条变两条，单线筐变双线筐

在日常教学中，一般横拉一条线筐即可，但一条绳子组成的单线筐只是形成大体的篮筐状，有高度但没准度，若用两条绳子组成双线筐就是相对具体的篮筐，既有高度，也有准度。为此，在实际教学中，可以结合技术教学的需要，酌情选择采用单线筐或双线筐。双线筐的制作就是再拉一条绳子，两条绳子平行并列即双线筐，为了防止两条绳子向中间滑动，绳子要在篮筐一侧绕上一圈用来固定。

2. 调整线筐高度，满足不同学生需求

在实际教学中，由于学生的性别、年龄、身高等的差异，若用标准篮筐高度的线筐，不能让学生体验成功投篮的喜悦，不能满足学生个体的差异。为此，可以通过以下两种方法来调整：一是松弛法。让原本拉紧的线筐适当松弛，让线筐形成中间低、两端高的弧线状，安排身高较矮、力量较小的学生在中间练习，反之在两侧。二是斜拉法。准备一条约5m的绳子作为调节绳，将调节绳一端拴在线筐的任一端靠近篮筐处，用力下拉线筐，并适当地放松线筐，让线筐整体形成一边高一边低的斜线，最后将绳子固定在立柱上。（图23-5）

3. 巧用三角串旗，助力行进间单手低手投篮教学

应用线型篮筐的主要目的是让学生将篮球投过线筐，特别适合于高手投篮教学。但在行进间单手低手投篮教学中，学生利用出手拨球瞬间，让篮球触碰三角串旗即可。为此，教师可以在线筐上悬挂不同高度的彩旗或篮球明星的照片，让学生根据自己的能力选择适宜的高度物作为出手目标。（图23-6）

图23-5　　　　　　　　　图23-6

4. 结合呼啦圈，模仿真篮筐

将两条线筐相距约45cm平行拉直于篮球场地中间，选用直径约45cm的呼啦圈，用胶带或细绳将其固定在两条线筐上（图23-7），相

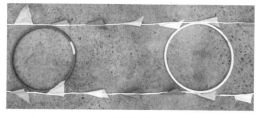

图23-7

连呼啦圈中心距离为2～2.6m，可放置10～13个呼啦圈，然后用线型篮筐的使用方法将其固定，就可以用来进行投篮教学了。

二十四、平面人体运动模型

在体育教学中，有些技术动作很难用语言表述清楚，尤其是腾空之后的一些技术细节，讲解难度很大，示范效果也不尽如人意。但使用制作的平面人体运动模型能帮助学生理解动作，提高学生的学习效率，在一定程度上能起到教师示范无法代替的作用。

（一）制作准备

厚度为 1 ~ 2mm 的牛皮纸或磁贴纸（A4 大小）、2mm 和 4mm 的鸡眼纽扣及配套工具、A4 普通打印纸、铅笔、橡皮擦、剪刀、刻刀、小榔头。

（二）制作方法

（1）选定人体结构。人在各年龄段的身体比例变化不同，10 岁左右身高为 6 ~ 7 个头高，15 岁左右身高为 7 ~ 8 个头高。一般以成年人人体的比例为宜，身高为 7 个头高，躯干为 2 个头高，上肢为 3 个头高，下肢为 4 个头高。

（2）绘制人体模型。根据成年人人体的比例，用铅笔在 A4 纸上绘画人体轮廓图（图 24-1），为了方便组装与使用，将人体分成头与躯干、前臂、上臂、大腿、小腿、脚等 6 个独立部分。

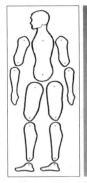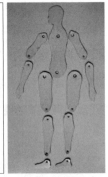

图 24-1　　　　图 24-2

（3）剪刻人体模型。以绘好的人体轮廓图为模板，将其四周固定在牛皮纸上，然后配合使用剪刀、刻刀，在牛皮纸上剪出相应的人体结构部位。（图 24-2）

（4）打孔。用安装鸡眼纽扣的打孔冲在剪好人体结构部位的连接处——打孔。（图 24-3）

图 24-3

（5）组装人体模型。依次将打好孔的人体各部位的牛皮纸叠放相连，用安装鸡眼纽扣的卷边冲和底座一一将各部位组合。

（三）使用方法

（1）演示方法：根据运动技术教学的需要，调节各个连接点的关节部位，直到动作定位达到需要。在给学生演示讲解时，可用直接演示和固定演示的方法进行。直接演示就是教师将人体模型拿在手里直接演示操作（图24-4）；固定演示就是将一个或多个人体模型固定在一块背景墙上或贴在铁黑板上进行演示讲授（图24-5）。两种方法可酌情选择使用。

（2）使用范围：一般用于田径教学中的走、跑、跳、投基本技术教学，也可拓展用于球类、技巧、器械等一些基本技术教学。

（3）辅助使用：可制作一些相应的辅助小器材，在标枪、跳远、实心球、排球、篮球、单杠等项目的技术教学中使用，让演示更加形象逼真。（图24-6）

图24-4　　　　　　　　　图24-5　　　　　　　　图24-6

（四）注意事项

（1）可以将头部与躯干分离制作，然后组装。考虑到头部对多数运动项目的技术影响不大，建议头部与躯干连体为宜。

（2）教师可以根据学生和教学的需要，制作不同大小的人体模型，也可以做男女生人体模型，以满足不同人群和不同运动项目的需要。

（3）安装鸡眼纽扣时，不能太紧，否则不便于调节模型各关节。

（4）可以用订书钉代替鸡眼纽扣，先用锥子在两个人体部位的连接处戳个小洞，然后取一枚订书钉穿过小洞，订书钉置于小洞正中间，与小洞两边距离基本相等，最后用小榔头将两边的订书钉敲平，使订书钉紧贴纸面。

（5）平面人体运动模型只有二维，具有一定的局限性，不能满足所有技术教学演示的需要，在实际教学中要因技而定。为了达到更好的教学效果，还可结合真人、图示、多媒体等方法进行演示。

二十五、可拼接体操垫

体操垫具有小巧、方便的特点，在体育课堂教学中的应用非常广泛，但在技巧组合练习、爬行等教学中，多块体操垫拼接存在脱节分离的问题，影响了正常的教学组织。为此，借助魔术贴具有的联结功能，我们在体操垫的四个侧面分别缝制魔术贴的毛面和勾面，将多块体操垫根据需要自由拼接。魔术贴的毛面和勾面粘接在一起，产生较大的扣合力和撕揭力，有效避免了体操垫出现的脱节分离问题。体操垫形成一个整体，既满足技巧组合练习、爬行、跳跃等教学需求，又助力体育课堂教学高效进行。

（一）制作准备

宽为 5cm 和 2.5cm 的魔术贴（含毛面和勾面）、针线或缝纫机、剪刀。

（二）制作方法

可拼接体操垫由拼接面和调节带组成。拼接面用宽 5cm 的魔术贴的毛面和勾面，分别缝制于体操垫的四个侧面（图 25-1），其中前侧与后侧、左侧与右侧要用不同的魔术贴面，如左侧面用毛面，则右侧面用勾面，前侧面用毛面，则后侧面用勾面。调节带用两条宽 2.5cm、长 50 ~ 60cm（与垫子同宽）的魔术贴的

毛面和勾面，背靠背对齐后，沿四周缝制即可。（图 25-2 为大体操垫，图 25-3 为折叠垫）

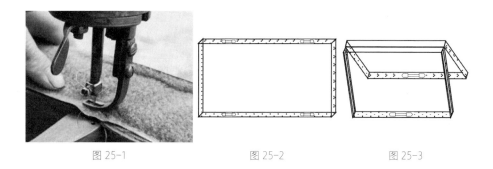

图 25-1　　　　　　　　　图 25-2　　　　　　　　　图 25-3

（三）使用方法

（1）多块平面拼接（图 25-4）：利用体操垫四周侧面的魔术贴，可以将多块体操垫拼接成长方形或正方形，根据需要自由拼接成大面积的体操垫区域，可用于爬行、直体侧滚翻、技巧组合动作、练习安全区等，避免使用中垫子之间脱节分离的问题。

（2）竖立摆放（图 25-5）：根据教学需要，有时需要将折叠垫成"A"字形竖立在地面上，用于各种障碍或跳跃练习。若将高度降低，在重力作用下垫子会自行滑落而无法竖立，而将两条或一条调节带粘在体操垫两侧边的魔术贴上，对两边形成拉力，可避免垫子自由滑落。同时，可以通过调整调节带粘连位置来任意调整折叠垫的角度与高度，以满足不同教学的需要。

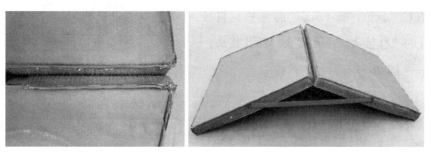

图 25-4　　　　　　　　　　　　　图 25-5

（四）注意事项

（1）拼接面的魔术贴长度最好与体操垫侧面同长缝制，以增加扣合力；也可以在一侧面的两端缝制，如 60cm×120cm 垫子，在一侧面两端各缝一条长 20cm 的魔术贴，中间相隔 20cm。

（2）用来竖立摆放体操垫专门的调节带，建议平时放在器材室保管，需要时可先粘在体操垫的一侧面，然后根据竖立摆放垫子的高度要求，再粘在体操垫同侧的两侧面。也可以在垫子中间折叠处的侧面缝制魔术贴，用来粘贴放置调节带。

（3）可手工缝制或缝纫机缝制。手工缝制速度慢且费力，建议用缝纫机来完成缝制。

二十六、排球拦网假人

在排球运动中，有扣球技术和拦网技术，我们可以通过制作拦网假人来代替拦网队员，以提升扣球训练的效率。我们用游泳棒（又称 EPE 珍珠棉泡沫棒）和多孔接头组合，制作简易的排球拦网假人，既实用又有创意，深受学生的喜爱。

（一）制作准备

直径 7.5cm、长 1.5m 的游泳棒，直径 7.5cm 的二孔接头、三孔接头、四孔接头，胶带。（图 26-1）

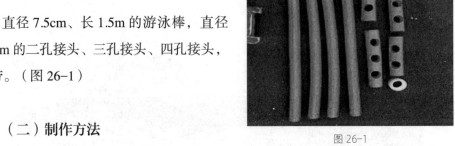

图 26-1

（二）制作方法

根据拦网人数，拦网假人可分为单人拦网假人和多人拦网假人两种。

1. 单人拦网假人

（1）第一种：取2根游泳棒从排球网下端交叉穿过网孔，另取1根从中弯曲成倒U形从排球网上端网孔交叉插入，两边用胶带固定。（图26-2）

（2）第二种：将2根游泳棒从排球网下端交叉穿过网孔，游泳棒上端插入二孔接头，两边用胶带固定。（图26-3）

图26-2　　　　　　图26-3

2. 多人拦网假人

将4根游泳棒从排球网下端交叉穿过网孔，游泳棒上端插入四孔接头，两边用胶带固定。（图26-4）

图26-4　　　　　　图26-5

（三）使用方法

将拦网假人交叉插入排球网，调整合适的高度，学生进行扣球训练。（图26-5）

（四）注意事项

（1）尽量选择直径较大的游泳棒。

（2）拦网假人固定在球网上时，游泳棒要交叉插入排球网中，以保证其稳定性。

（3）根据教学与训练的需要，体育教师可以自主设置不同的拦网假人。

二十七、跳高横杆保护器

在跳高练习时，由于技术水平和身体素质等原因，学生经常会将跳高横杆压弯变形甚至压断，频繁更换横杆会增加学校经费支出。同时，有些学生也会产生畏惧心理。采用橡皮筋来代替横杆，虽避免了跳高横杆压弯、压断现象的发生，但容易因绊住橡皮筋而将跳高架拉倒，存在安全隐患，也使学生在跳高练习中缺少了对真跳高横杆的实际体验。为此，我们以弹簧为主材料制作跳高横杆保护器，可以避免上述问题。

（一）制作原理

根据弹簧稳定性和复位功能，自制的跳高横杆保护器在使用时，保护器的套管伸入跳高架立柱杆托并固定，将横杆放在保护器的托片上，当学生的身体落在跳高横杆上时，跳高横杆两端将保护器托片外侧一端下压，造成保护器失衡，引起弹簧变形外倒，托片向下倾斜，跳高横杆自然向下滑落，从而达到保护跳高横杆的目的。

（二）制作准备

方形内部中空的5cm长钢管（宽度比跳高架立柱杆托略宽，以能套上杆托为宜）2块，弹簧2只（外径1.5 ~ 3.0cm，线径1 ~ 1.5mm，高度3 ~ 5cm），铁片2块（长和宽分别为5cm、3cm），螺栓、螺母2套（直径8 ~ 12mm），锉刀或砂纸。

（三）制作方法

跳高横杆保护器由托片、弹簧、套管、固定栓四部分组成（图27-1），其中固定栓由螺栓、螺母组成。

（1）固定栓：在方形钢管一面中间打孔，孔洞直径要比用于固定的螺栓、螺母直径略大，然后将螺母焊接在方形钢管孔洞的位置，螺栓拧在螺母上，并保证螺栓头部能伸入套管内腔。

（2）组合：将弹簧上端焊接在托片底面，弹簧下端焊接在套管上表面，即

完成跳高横杆保护器的制作。（图 27-2）

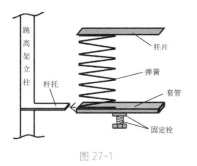

图 27-1 图 27-2

（3）除毛刺：用锉刀或砂纸对保护器四周毛刺进行清理，避免划伤他人。

（四）使用方法

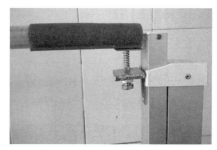

先将方形钢管套在跳高架立柱杆托上，拧紧螺栓将跳高横杆保护器固定在杆托上，然后将跳高横杆放在保护器托片上即可使用。（图 27-3）

图 27-3

（五）注意事项

（1）所需的弹簧要有一定的强度，以保证放上跳高横杆后弹簧不变形，保持托片呈水平状。

（2）跳高架立柱杆托有两种放置方法：一种为纵放，即杆托放于跳高架立柱后面，与横杆呈垂直状；另一种为横放（标准方法），即杆托放于跳高架立柱内侧，与横杆呈平行状。两种放置方法的杆托在焊接弹簧时略有不同：纵放时，弹簧需放在紧靠立柱一侧；横放时，弹簧需放在前端中间，且托片要略加宽，以保证横杆稳定，不易掉落。

（3）为防止跳高横杆保护器生锈和增加美观度，可用镀铬喷漆或银色喷漆进行喷涂。

二十八、标志杆

标志杆在平时体育教学和训练中使用较多，但购置的标志杆实用性不强，多数存在底盘过轻、高度过低的问题，影响正常使用。经过实践，我们以塑料瓶为主材料设计制作了活动式标志杆和固定式标志杆两种。在教学或训练时，将所制作的标志杆按场地器材要求摆放好后，就可以进行各种接力跑、绕杆运球等练习。

（一）制作准备

长 1.5m、外径 18 ～ 25mm 的 PVC 管，5cm 长的钉子，4 ～ 5L 的大塑料瓶，沙子，混凝土，剪刀，记号笔。

（二）制作方法

图 28-1

1. 活动式标志杆

取一个大塑料瓶，往瓶内装入沙子至瓶身的约四分之三处，将 PVC 管从瓶口插到瓶底。（图 28-1）

2. 固定式标志杆

用记号笔在瓶底往上约 20cm 处画线，再用剪刀沿线剪断（图 28-2），在 PVC 管底部 5cm 处，钉入 1 ～ 2 枚钉子（图 28-3），将 PVC 管有固定钉一端居中放入瓶，再将搅拌好的混凝土注满瓶。将制作好的标志杆静置晾干约一周时间，即可使用（图 28-4）。

图 28-2

图 28-3   图 28-4

（三）使用方法

标志杆在篮球运动中可充当防守人，供学生进行体前变向、后转身等练习；在接力跑中可充当折返点; 可放置一段距离,用小呼啦圈套标志杆,进行套圈游戏。

（四）注意事项

（1）制作固定式标志杆的底座塑料瓶容量要在 2.5L 以上,也可使用铁制奶粉罐。

（2）PVC 管可以使用长木棍或者竹竿代替。

（3）根据不同的要求，可以设计、制作不同高度的标志杆。

（4）活动式标志杆在存放时可将 PVC 管取出，与底座分类存放。

二十九、跳绳辅助器

跳绳对学生身体的协调性、灵敏性、平衡性、节奏感、耐力等素质的发展都有很好的促进作用。在初学跳绳时，由于学生存在个体差异，有些学生会出现垫跳现象。为此，我们制作了绳球、绳结两种跳绳辅助器，这些器材不仅可以提高学生的练习兴趣，还可以解决垫跳的问题。

（一）制作准备

跳绳、废纸、剪刀、透明胶带、丝带。

（二）制作方法

1. 绳球跳绳辅助器

首先拿一根约 50cm 的丝带，将丝带的一端系在一张硬纸板或折叠多次的纸上；然后将丝带打结处放在废纸中并揉成网球大小；最后用透明胶带将纸球缠绕

固定。（图 29-1）

2. 绳结跳绳辅助器

将一根跳绳的一端缠绕并打结牢固，另一端留 50cm 用于抓绳；同样，可以将废弃跳绳对半剪断，在剪断的一端进行打结处理。（图 29-2）

图 29-1　　　　　图 29-2

（三）使用方法

（1）摇绳：准备两个跳绳辅助器，学生两手各持一个进行摇绳练习，感受跳绳时正确的上肢动作。

（2）摇跳：学生两手各持一个跳绳辅助器，在摇绳的基础上跳动，进一步提升跳绳节奏与协调性。若在练习中，学生出现摇跳节奏不一致、动作幅度突然加大等肢体不协调的现象，教师可以通过打节拍的方式，引导学生固定好跳绳节奏和摇绳幅度。（图 29-3）

（3）摸高：可将做好的跳绳辅助器固定在高处，设置不一样的高度，学生可根据自己的能力进行摸高练习，发展弹跳能力。（图 29-4）

图 29-3　　　　　图 29-4

（四）注意事项

（1）可准备不同长度的跳绳辅助器，满足不同学生的需求。

（2）若使用绳结跳绳辅助器辅助练习，先要检查绳结是否牢固，防止在练习中脱落或甩出，也可以在绳结处用胶带进行缠绕固定。

三十、简易乒乓球捡球器

在乒乓球练习中，捡球是一项必要工作。为了轻松捡球，我们利用羽毛球筒、橡皮筋自制了简易乒乓球捡球器（图30-1）。它具有取材方便、制作简单、实用便捷的特点，其功能与网购乒乓球捡球器相似。

（一）制作准备

羽毛球筒（去除封盖）、透明胶带、橡皮筋、剪刀。

（二）制作方法

（1）连接：取2个羽毛球筒，首尾对接紧密，然后用透明胶布缠在结合处，将2个羽毛球筒连接为一体。

（2）开槽：用剪刀在连接好的球筒任一端，划出4道约5mm深的小槽，划槽间距约为2.5cm，划槽两端相对称。

（3）组合：取一条普通橡皮筋嵌入4条划槽里，橡皮筋两端稍拉长贴于球筒外面，然后用胶带将橡皮筋缠绕固定，以防止橡皮筋滑落。（图30-2）

图30-1

（三）使用方法

简易乒乓球捡球器由进球口（嵌入橡皮筋一端）和出球口组成。使用者手握捡球器上端或出球口，将进球口对准地面上的乒乓球一按，乒乓球就会自动进入捡球器内，可连续捡24个球，然后将球从出球口倒出即可。（图30-3）

图30-2

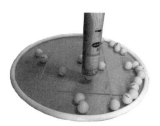

图30-3

（四）拓展运用

（1）捡珍珠游戏：将若干乒乓球放在一定区域的地面上，学生手持捡球器。开始后，迅速用捡球器一一收回地面的球，当捡球器装满后送到指定位置，返回继续，直至将地面的球捡完为止，用时少者胜出。

（2）"电棒"击人：学生站在指定的区域内，先让2名学生各持1个捡球器（作"电棒"），开始追击区域内的同学，用"电棒"触人，被触到的同学立即原地不动，须得到同伴解救后方可重新奔跑。一定时间后，换追逐者，看哪组能将区域内的同学都"电"住不动。规则："电棒"触人应点到为止；不能抛击"电棒"；被触同学在同伴用手拍击后，方可恢复自由。

（3）顶球：手握竖立的捡球器，在其入球口处放一个篮球（排球或足球）进行行走比赛。比赛中手不得触及篮球（排球或足球），若出现篮球（排球或足球）落地，须原地停下，捡球重新放好后方可继续比赛。

（4）接力棒：直接将捡球器作为各种接力比赛中的接力棒。

（五）注意事项

（1）利用2个羽毛球筒基本能避免中小学生弯腰去捡球，对于小学低段学生可用一个羽毛球筒来制作。

（2）为增加进球口橡皮筋的弹力和负载力，可用2～3条普通橡皮筋合为一股；也可选用女生的头绳橡皮筋，其具有弹力好、外面有保护层且耐磨的优点。

（3）进球口橡皮筋之间的宽度在2～3cm为宜，不能大于乒乓球直径的4/5，否则，乒乓球会从进球口掉落。

（4）羽毛球筒可以用薯片包装纸筒、小塑料桶、塑料瓶等代替。

三十一、排球扣球固定器

扣球是排球运动的基本技术之一，也是排球运动中较难掌握的技术。扣球是队员跳起在空中将高于球网上沿的球有力地击入对方区域内的一种击球方法。初学扣球时，学生可能会出现找不到点、发不上力、扣飞等情况，这样不仅会降低练习效率，还会花费较多的时间在捡球上面。为此，我们设计了一款排球扣球固定器，使用该固定器，可以大大减少捡球时间，提升练习效率。

（一）制作准备

长 1.2m 的 4cm×4cm 角铁，开口型羊眼螺丝或直径约 5mm、长约 30cm 的钢筋，教练球，卷尺，电焊机，电钻，切割机，铁丝，锉刀或砂轮。

（二）制作方法

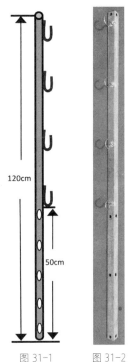

排球扣球固定器由支杆和挂钩组成。

（1）支杆分区：在角铁一端 50cm 处做一标识，上面长 70cm 为挂钩区，下面长 50cm 为开孔区。

（2）焊接挂钩：将 4 只羊眼螺丝等距焊接在角铁挂钩区，或用钢筋弯成 U 形进行焊接。（图 31-1 为演示图，图 31-2 为实物图）

（3）支杆打孔：在角铁开孔区，用电钻等距钻出若干个孔眼（用来固定）。（图 31-2）

（4）去除毛刺：用锉刀或砂轮将固定器上的切口、焊点打磨平整，避免划伤人。

（5）安装固定：将固定器开孔区放置于排球网一侧的支柱上端，用铁丝穿过孔眼进行固定。（图 31-3）

图 31-1　　　图 31-2

（三）使用方法

将教练球一端挂在固定器的挂钩上（高度按需要调整），另一端由一人站于桌面（桌子要牢固，注意安全）上拉紧，练习者即可开始做扣球练习（图 31-4 实操图，图 31-5 为演示图）；也可以将固定器安装在两个相邻固定物上进行扣球练习，如临近两个排球场上的网柱（图 31-6）或防护网等，这样就不需要有人拉教练球。

图 31-3   图 31-4

图 31-5   图 31-6

（四）注意事项

（1）若长期使用，可以用螺杆（铆钉）将固定器安装在排球网柱上或其他固定物上，这样既美观又便于拆卸。

（2）使用时注意角度、扣球位置与球网距离、拉绳人和球网的距离。

三十二、流星球

流星球由球体和尾带组成，可由彩旗布、废纸、松紧带等制作。流星球的尾带为一种空圆锥腔体，飞行时受空气阻力而打开，在空中划出一道优美的弧线，能让学生更为直观地了解球体的运动轨迹，更好地辅助学练。流星球操控简单，上手容易，手感柔软，安全环保，撞击力小，一物多用，使用时不受季节、场地等制约；可用来进行抛、投、滚、甩、跳、踢、抢、扭、绕、缠、拍、捶、击等，不仅能发展学生的灵敏性和空间感，还能发展学生的掷准、投远能力。它既是一种体育健身娱乐用品，又是一种符合新课程理念的新型体育器材。

（一）制作准备

彩旗布、2cm 宽的松紧带、废纸、胶带、缝纫机、记号笔。

（二）制作规格

根据学生不同年龄段的特点，制作不同规格的流星球，制作规格见表 32-1。

表 32-1　流星球制作规格

参数名称	参数值		
	幼儿	小学	中学
球体直径 /cm	6 ~ 7	7 ~ 8	8 ~ 10
球体重量 /g	20 ~ 30	30 ~ 50	50 ~ 70
尾带长度 /cm	60	70	80

（三）制作方法

流星球由球体和尾带组成，尾带又由球体口和尾带体组成。下面以制作一个球体直径为 7cm 的流星球为例，说明制作方法。

1. 球体

球体用纸球做成，如用旧报纸揉、裹成球体，外面用胶带缠绕，也可用布包裹制作。

2. 尾带

（1）裁剪：将彩旗布剪成长方形＋等腰梯形，包括预留缝边位置1cm。（图32-1）

（2）制作计分条：将裁剪好的尾带布的等腰梯形分成六栏，并分别标出50、60、70、80、90、100（分），或1、2、3、4、5、6（分）。（图32-2）

说明：第一栏（50分）比其他栏长出3cm，用以放置球体；如果条件允许可用红、黄布相间缝合。（图32-3）

（3）将松紧带剪成15cm长，长度要结合球体周长，一般松紧带长要比球体周长短7cm左右。（图32-4）

（4）缝球体口：ab 为长方形 ABCD 的中心线，将 AB 边与 CD 边重叠对齐，并沿 CD 缝线固定，使两层中间形成空心槽。然后把剪好的松紧带穿进空心槽，松紧带一端与 aC 取齐，沿 aC 在缝纫机上缝线固定，同样，将松紧带另一端与 bD 取齐缝线固定。为增加缝合处的牢固性，每处多缝 2 ~ 4 道。（图32-5）

（5）缝尾带：将 aCE 边和 bDF 边对齐并缝合固定，形成中空圆锥腔体。

说明：为了成品时所有正面都朝外，缝合时，球体口的缝制面要在外。（图32-6）

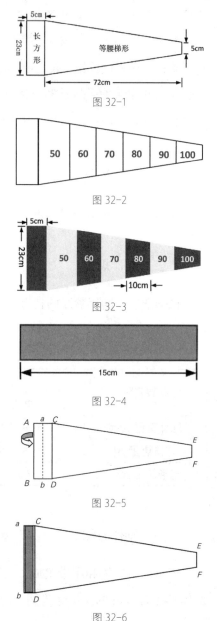

图 32-1

图 32-2

图 32-3

图 32-4

图 32-5

图 32-6

3.组装

将缝制好的尾带翻个面，让尾带的正面向外，缝制面朝内。取一个纸球塞进尾带的球体口，为了保证流星球在转动过程中不脱落，一定要将纸球面一半多放进尾带口。图32-7为流星球结构透视图，图32-8为流量球整体效果图（含两色相间的分数环形道），图32-9为实物图。

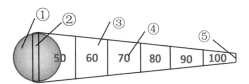

①球体；②球体口（内包有松紧带）；③带身；
④分值；⑤带尾口。

图32-7

图32-8

图32-9

除上述标准的制作流星球的方法之外，还有三种简易的制作方法：

（1）穿越法：先将一条长约70cm绳子（布条）的一端打结，然后用另一端从纸球中心穿过，让绳结贴于纸球面上。（图32-10）

图32-10

（2）包裹法：用方布或圆布把纸球包裹起来，然后用绳子（布条）系牢，并留70cm长做尾带。（图32-11）

图32-11

（3）橡皮筋法：在穿越法和包裹法的基础上，将用作尾带的绳子（布条）换为橡皮筋，同时，为了便于练习，在橡皮筋末端打个套环用于套手指。为此，在制作流星球时，可以在球体内穿一条橡皮筋，平时藏于尾带的腔体内，练习时将尾带取下，用中指或食指套住皮筋末端的套环，将球抛出，由于受橡皮筋的拉力，球弹回手中，这样类似于玩"飞来飞去"。这种玩法手、脑、眼并用，具有良好的健身效果。（图32-12）

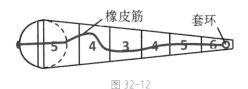

图32-12

（四）基本技术

1. 握法

（1）握球体：根据投掷远近分上手和下手两种握法。

①上手握法：五指自然分开抓握球体，尾带从食指和中指间穿过，掌心不触球且朝前。（图32-13）

②下手握法：基本握法同上手握法，不同之处是掌心朝上。（图32-14）

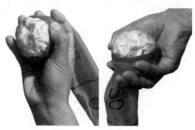

图32-13　　　　图32-14

（2）握尾带：握住尾带的任何位置，一般握尾带的中后端或末端，因为握点越靠近尾带末端，流星球旋转出手时的初速度越大。（图32-15）

2. 准备姿势

两脚前后或左右开立，比肩稍宽，眼睛注视目标。

3. 投掷

结合握法有三种投掷方法，以右手为例。

（1）上手抛法：身体侧对或正对投掷方向，右手持球向右侧引臂至肩平，左臂自然屈于胸前，右腿弯曲，身体重心落于右腿，左腿自然伸直，上体略向右倾斜；接着，右腿蹬地、转髋、挺胸，身体左转，重心前移，上体向前

图32-15

鞭打，挥臂将流星球经肩上迅速投出。上手抛法适宜于远距离的投掷，出手点高于肩。

（2）下手抛法：身体正对投掷方向，右手持球从身体右侧后向前迅速摆动，适时将球抛出。下手抛法适宜于近距离的抛掷，出手点低于肩。

（3）旋转法：身体正对投掷方向，右手握住流星球的尾带，并以握点为

圆心在身体右侧进行顺时针（垂直面）旋转加速，适时松手使流星球从前上方飞出。

4. 接球

（1）接球体。

① 上手接：五指自然分开，虎口向内（虎口对着身体），将来球抓住。上手接适用于高度超过胸部的来球。（图32-16）

② 下手接：五指自然分开，虎口向外（虎口远离身体），将来球抓住。下手接适用于高度低于胸部的来球。（图32-17）

③ 平手接：五指自然分开，虎口向上，将来球抓住。平手接适用于高度在胸腹部，且在体侧 1m 左右的来球。（图32-18）

图32-16　　　　　　　　图32-17　　　　　　　　图32-18

（2）接尾带。

① 平抓接：五指自然弯曲，虎口张开并正对来球方向，择机抓住来球的尾带。平抓接适用于接下降角度较大的来球。（图32-19）

② 上抓接：五指自然弯曲，虎口张开，掌心朝来球方向，择机抓住来球的尾带。上抓接适用于接下降角度较小或平冲的来球。（图32-20）

图32-19　　　　　　　　图32-20

（五）使用方法

（1）玩流星球：原地做各种抛接练习，如上抛下接、上抛旋转身体接球、胯下接、前抛后接、后抛前接等。

（2）两人一球：学生两人一组，面对面站立，相距一定距离，进行一掷一接的练习。这种练习适宜安排在流星球教学的初始阶段，让学生熟悉流星球的抛接技术和运动特点。

建议：两人的距离、球速都要因人而异，距离、球速加快，难度就会提高，要控制好出手速度；初练者可先采用手握球体的投掷方法，待熟练后再采用抓尾带甩动流星球后掷出的方法。

（3）两人两球：学生两人一组，一人一球，进行对抛对接的练习。

建议：在此基础上，教师可根据学生投掷技术的熟练程度安排多人多球练习，如三人三球（三人同时出手，甲传乙，乙传丙，丙传甲）、四人四球等。

（4）抓流星：两人一组，采用一抛一接或互抛互接的方式进行抓流星球的球体或尾带练习，看谁抓得多。也可改为多人多球练习。

（5）掷准：初练者先采用握球体投掷，然后过渡到手抓尾带旋转投掷，用以击打目标物，以增加练习难度。

① 穿越圆圈：在离地面一定高度上放置或悬挂圆圈，在距圆圈适宜距离处画一条投掷线，学生站于投掷线外进行投掷，穿过圆圈的流星球数量多者胜出。

② 流星锤：在桌椅或地面上放置塑料瓶等物体作目标靶，学生站于一定距离外用流星球击打目标靶，击倒或击中数量多者胜出。

③ 炮击地靶：在平坦场地上画一条直线作投掷线，在投掷线前 8 ～ 25m 处画一个直径为 1m 的圆。投掷时，学生站于投掷线后，连续向圆圈投出 5 个流星球，以球体完全落于圈内（边缘不触及圆圈边线）为有效投掷，最后以有效投掷次数多者为胜。

（6）掷远：利用标枪或铁饼（铅球）场地，每人投掷 3 个流星球，投掷方法不限，最后以有效投掷中的最远一次成绩判定胜负。

规则：结合投掷规则，允许助跑或助摆动作，但不能越出投掷区（圈），流星球落于落地区内方为有效投掷。

（7）投跑接：在平坦场地上画一个直径2m的投掷圈，学生手持流星球站于圈内采用上手抛法和旋转法投掷后，人随即跑向流星球的飞行方向，在流星球落地前接住，以离开投掷圈最远处接住球者为胜。

（8）高尔夫球：以手当球杆，以流星球当球。先利用校园的地形、地物、地貌模拟高尔夫球场地，合理设置18个洞，每洞距离25～250m不等，球洞用呼啦圈或塑料筐、面盆、粉线画成代替。同时，合理运用标志杆、跳高架、树木、球架、球柱、灯柱等为目标标识。自行选择流星球投掷方式，每投掷一次为1杆，最后以打完18洞总杆数少者为胜。

建议：如果场地面积不大，可设置为9个洞。

（9）流星操：可参考艺术体操中的球操、带操、绳操等，创编一套有特色的流星球操，用于大课间操。

（10）闪躲流星：在平坦场地上画一个边长为20m的正方形。将参赛者分为人数相等的甲、乙两队，甲队（进攻）人员站于4条边线上，乙队（防守）人员站于方框内。发令后，甲队人员将手中的流星球向方框内的乙队人员掷出，乙队人员躲避流星球，如果躲闪不及被流星球击中或触及，则判其出局立即离开方框，计时3min，到时后记下方框内的人数。两队互换角色，最后以方框内剩余人数多者为胜。

规则：

① 方框内的防守队员身体任何部位均不得被流星球触及，否则即判出局。

② 进攻队员掷流星球时，两脚不得越线，否则视为无效。

③ 进攻队员投掷流星球击打防守队员时，击打位置尽量控制在胸部和下肢。

④ 进攻队员可以进方框内捡流星球。

建议：可以比较方框内的防守队员只剩一人或全队判出局的时间，以防守时间长或进攻用时短的队为胜；根据参赛人员来调整方框的大小，场地可以画成圆形或长方形。

（11）流星球接力赛：流星球接力赛又叫驿站接力或飞鸽传书，是一项斗智斗力的团体竞赛项目。此项目不仅考验学生投掷流星球的技巧，更是一种脑力风暴，比赛虽然只有短短的 1 ~ 3min，但必须了解本队每位成员的技术水平，详细规划、合理安排每人站位、投掷方法、奔跑方向，只有这样才能在最短的时间一击奏效。

根据此项目的特征，比赛可安排在运动场地或校园场地进行。

运动场地：田径场、篮球场、排球场、体育馆等。根据场地的大小，设置相应的标志杆，一般在直段只要首尾两个标志杆即可，曲段要多设几个标志杆，同时，在场地上还可以设置各种障碍。在第一个标志杆边画一条起点线，在最后一个标志杆边画一个终点圈。

校园场地：利用校园内的地形、地物、地貌组成比赛线路。

方法：3 ~ 6人一队。赛前，教师给出一定时间，让各队结合比赛场地的情况，自行商讨决定全队人员的接力顺序、站位和分工。发令后，各队第一棒队员手持流星球由起点出发，可以掷流星球传递，也可以跑一段距离后再掷传流星球，然后将流星球传给第二棒，以此类推，直到传至最后一棒，并由最后一棒队员将流星球投入终点圈结束比赛，以用时最少的队为胜。

规则：全队人员均需参与接力，每人所跑的距离长短不做要求。

建议：如果是多队同时进行，最好给各队的流星球做上记号，以便于清晰区分流星球的归属。

（12）快速跑辅助练习。

① 抛接跑：投球者和接球者前后相距 5 ~ 10m，投球者将球投出后，接球者迅速跑出，争取在球落地前接（触）到球。

② 追击跑：发令后，练习者快速跑出，站于身后 5 ~ 10m 的投球者同时将球掷向练习者，力争击打到练习者。

（13）摸高器：将若干个流星球悬挂在不同高度上，进行纵跳摸高练习。

建议：悬挂高度要符合学生的跳跃能力，最好设置不同的高度，以满足不同学生的需求。

（14）流星赶月。

① 单人跳：一手抓住流星球尾带，原地做水平旋转，两脚从球体和尾带上方跳过。

② 集体跳：画一个直径为 3m 的圆，一人站在圆心作旋转者，其余人站在圆圈上。游戏开始后，旋转者手握两个流星球尾带相接后的其中一个球体，原地做水平方向转动，让另一个球体旋转起来，且离地高度不得超过膝盖。当球体接近时，站在圆圈上的人两脚跳起，让球体和尾带从脚下通过，若被球体或尾带碰到，就与旋转者交换角色，游戏继续。

（15）尾带游戏：将球体和尾带分开，把尾带拴在后腰或后颈处衣服上，进行抓尾巴游戏；利用尾带做丢手绢、绑腿等游戏。

（16）玩小球：球体可进行抛、滚、拍、投、传等各式各样的玩法。

（17）摆造型：利用色彩鲜艳的流星球，发挥集体的智慧，设计、拼出各种造型图案，如进行拼造型接力赛。

（18）放飞心情：学生人手一个流星球，听到信号后，全班学生发力将流星球向天空掷出，同时大声欢呼，愉悦身心，一节课所带来的疲劳和不如意的心情都会随着流星球的飞出而烟消云散。

（19）快找搭档：准备两套流星球，用记号笔在每套流星球的球体露面处分别写上数字 1、2、3……（用两种颜色的记号笔分别书写）。活动前，将两套流星球分散在场地四周。发令后，每名学生跑出找到一个流星球，然后根据球体上的号码，找到另一个持相同号码的搭档，看哪一组最先完成配对。

（20）放松球：手握流星球的尾带，用球体轻轻敲击身体的不同部位，放松身体，体验击打带来的乐趣。

说明：小学生可以配儿歌边唱边做。儿歌内容：敲敲臂、敲敲臂，敲敲腿、敲敲腿，敲敲身体真舒服；敲敲肩、敲敲肩，敲敲背、敲敲背，敲敲身体真健康……

（21）流星飞舞：将两个流星球的尾带系在一起，这样尾带两端各有一个球体。玩耍时，手抓尾带让球体在空中旋转起来，球体像流星飞舞。

（六）注意事项

（1）球体的制作一定要注意其直径和重量的搭配，具体要结合不同学段学生的情况而定。

（2）为了让流星球的尾带醒目美观，得分条采用红白或红黄相间，一般用两种颜色的布块拼接而成；也可以用一色布料，用记号笔标出得分界线。

（3）制作流星球时，放置于球体口的橡皮筋的伸缩强度要大，以利于更好地固定球体；球体可采用泡沫橡胶、聚氨酯制成，也可以用儿童玩的小皮球来代替；球体口的松紧带可由粘扣带替换；尾带可由轻质防水布制成。

三十三、电子发声助跳板

在练习跳跃时，往往会使用助跳板，传统的助跳板使用次数多了之后，学生可能就失去了练习兴趣。为此，我们运用电路原理设计了一款能够发声的助跳板，每当学生踏上跳板，跳板就会发出蜂鸣声。这款助跳板不仅可以激发学生的练习兴趣，而且可以帮助师生通过声音判断是否做到快速有力地起跳。

（一）弹簧助跳板发声器

1. 制作准备

弹簧助跳板、9V 直流蜂鸣器、泡钉加长图钉（固定弹簧用）、电线、线径 10mm 的弹簧（作伸缩接触点）、电夹子、9V 电池及电池扣、直径 5 ~ 8cm 的圆铁板（作接地垫片）、电烙铁、焊锡、松香、螺丝刀、剪刀、锉刀或砂纸。（图 33-1）

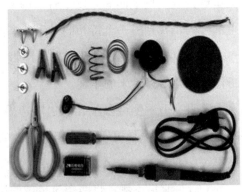

图 33-1

2.制作方法

（1）打磨：用锉刀将踏板下方金属表面油漆锉掉，露出金属，打磨范围需大于弹簧直径。（图33-2）

（2）焊接：取一根电线，用电烙铁将电线一端焊接在打磨好的金属上（靠近金属边缘，避免后期使用和弹簧接触）。（图33-3）

（3）固定：将线径10mm的弹簧用泡钉加长图钉固定在踏板下方，安装完毕后静置状态下，弹簧不与下方金属接触（图33-4）；用螺丝刀把蜂鸣器固定在踏板背面。

图33-2

图33-3

图33-4

（4）连线：把电池装进电池卡扣，用电线将弹簧、蜂鸣器、电池、踏板金属连接起来。（图33-5）

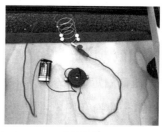
图33-5

3.使用方法

练习时，将制作好的弹簧助跳板搬到合适的区域，学生上板起跳时，弹簧下压接触到助跳板金属，形成电路回路并发出蜂鸣声；学生离开弹簧助跳板后，弹簧助跳板恢复原位，弹簧与助跳板金属自动断开，形成断路，解除蜂鸣。（图33-6）

4.注意事项

（1）焊接时注意不要用手去触碰焊点，避免烫伤。

图33-6

（2）选择不同电压的蜂鸣器可以发出不同的音量。

（3）固定的弹簧不宜过长，静置状态下不可接触下方金属。

（4）使用完毕后，务必将电池取下，防止其腐蚀。

图 33-7

（二）实木助跳板发声器

1. 制作准备

实木助跳板、9V 直流蜂鸣器、泡钉加长图钉（固定弹簧）、电线、线径 10mm 的弹簧（作伸缩接触点）、线径 15mm 的弹簧（作支撑实木助跳板弹簧）、电夹子、9V 电池及电池扣、直径 5～8m 的圆铁板（作接地垫片）、电烙铁、焊锡、松香、螺丝刀、剪刀、锉刀或砂纸。

图 33-8

2. 制作方法

（1）焊接：取一根电线，用电烙铁将其焊接在金属接地垫片上或用电夹子连接（图 33-7）。

（2）固定：将线径 15mm 的弹簧用泡钉加长图钉固定在踏板底部两侧（图 33-8）；将线径 10mm 的弹簧固定在踏板下方（图 33-9），同时蜂鸣器也要固定在踏板下方。

图 33-9

（3）连线：把电池装进电池卡扣，用电线把弹簧、蜂鸣器、电池、踏板连接起来。（图 33-10）

3. 使用方法

练习时，将制作好的实木助跳板搬到合适的区域，学生上板起跳时，弹簧下压接触到金属垫片，形成回路并发出蜂鸣声；学生离开实木助跳

图 33-10

板后，用来支撑的弹簧将实木助跳板升为原状，弹簧与金属接地垫片断路，解除蜂鸣。（图33-11）

图33-11

4. 注意事项

（1）选择不同电压的蜂鸣器可以发出不同的音量。

（2）固定的弹簧不宜过长，静置状态下不可接触下方金属。

（3）使用完毕后，务必将电池取下，防止其腐蚀。

三十四、自制大板鞋

板鞋运动是民族传统体育项目，该项目既能增强参与者之间团结协作的能力，又能锻炼参与者的身体，是比较适合中小学生的团队游戏之一。大板鞋规格较多，下面以制作三人大板鞋（长120cm）为例说明制作方法。

（一）制作准备

长120cm、宽9cm、厚3cm的木板2块，长30cm、宽4cm的平胶带（黄色机器传送带）6根，5cm长的螺丝，螺丝刀，卷尺，记号笔。

（二）制作方法

大板鞋由木板和脚套组成。

（1）木板标记：用卷尺测量，在木板中间点的两侧面各做一标记，然后以木板两端为起点，在两端各取20cm做标记。

（2）固定脚套：将平胶带两端放置于木板标记点的两侧边，用螺丝把平胶带固定在木板上。（图34-1）

（三）使用方法

学生将两脚放入脚套，后面学生将手搭在前面学生的肩上。发令后大家齐步向前走，全队协同走完规定的距离，用时最少者胜出。（图 34-2）

图 34-1

图 34-2

（四）注意事项

（1）根据活动的需要，可以使用以上方法制作 4 ~ 10 人的大板鞋。

（2）脚套可以使用废旧的橡胶篮球、自行车内胎等制作。

（3）木板尽量打磨光滑，避免毛刺或棱角划伤学生。

（4）根据学生不同的年龄，可调整脚套的大小和前后距离，以学生的脚能套进脚套为宜。

三十五、珠行万里 U 形槽

珠行万里游戏是一个经典的团建项目，它能够让参与者感受团队成员之间的默契配合，提高自我控制能力，参与者会为共同目标及团队荣誉而做好每一个环节。因此，在体育课堂教学中可以让学生参与体验，感受团队配合的力量。我们利用常见的羽毛球筒制作的珠行万里 U 形槽，具有取材简单、制作方便等特点。

（一）制作准备

羽毛球筒、美工刀、宽 4 ~ 6cm 的透明胶带、记号笔、直尺。

（二）制作方法

（1）球筒画线：将羽毛球筒平置于桌面，沿着球筒画两条对称的直线。（图 35-1）

（2）球筒裁剪：将羽毛球筒直立，用美工刀沿两条标志线切割，将球筒一分为二。再用相同方法多切割几个球筒备用。（图 35-2）

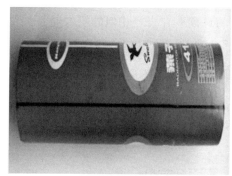

图 35-1　　　　　　　　　　　图 35-2

（3）胶带固定：用透明胶带沿裁剪好的球筒内壁纵向依次粘贴，胶带之间要粘贴闭合。（图 35-3）

（三）使用方法

学生均分成若干组，在设定的起点线排成一列，每人手持一个 U 形槽，小组成员将 U 形槽连搭成一条通道，然后在通道的起点放上乒乓球后，开始计时，第一人将 U 形槽倾斜让乒乓球滚动到第二人的 U 形槽后，第一人迅速移动到队尾，如此依次循环，小组以接力的形式延长通道，直到乒乓球安全到达指定的目的地为止，若途中球掉落需回到起点重新开始（不停表），最先完成的组为胜。（图 35-4）

图 35-3　　　　　　　　　　　　　　　　图 35-4

（四）注意事项

（1）球筒也可以横放裁剪，需要将球筒套在直径相似的粗木棍上。

（2）在制作 U 形槽时，可以将羽毛球筒表面广告纸撕掉再进行制作。

（3）在粘贴胶带时，胶带之间要粘贴平整，不要有气泡或者褶皱，若有气泡可用针戳破。

三十六、平面标志盘

平面标志盘是体育课堂教学及课余训练中常用的器材，它可在跳跃类、跑步类和投掷类等练习中作为标志物或抛接物使用。我们根据实际需要制作了形状、大小、颜色、图案和编号各异的平面标志盘。平面标志盘的制作方法简单，既可直接把鼠标垫或者隔热垫拿来使用，也可用硬纸板、防滑垫等材料加工改造。总之，自制的平面标志盘经济实用、简单方便。

（一）制作准备

鼠标垫、餐具隔热垫、硬纸板、防滑垫、油漆、石膏、记号笔、排笔、剪刀。

（二）制作方法

根据制作使用材质的不同，我们把制作平面标志盘的方法分为直接利用法和加工改造法两种。

1.直接利用法

将鼠标垫或餐具隔热垫直接拿来使用，若需要不同的形状（如三角形、圆形、方形等），可根据需要裁剪成型，也可在标志盘上编上号码。鼠标垫制成品如图36-1所示，隔热垫制成品如图36-2所示。

图36-1 图36-2

2.加工改造法

（1）画圈：取一块硬纸板或防滑垫，用记号笔在上面画上若干直径为20~30cm的圆圈。（图36-3）

（2）裁剪：用剪刀沿着画好的圆形剪下（可根据实际需要剪成不同形状），也可编上号码。（图36-4、图36-5）

图36-3 图36-4 图36-5

（三）使用方法

（1）标志物：根据教学需要可直接将平面标志盘放置在地面上，作为队列站位、分组练习、起终点线、田径标志（如蛇形跑、曲线跑、折返跑等）、足球定点发球、投准标志、游戏标志等标志物。

（2）软式飞盘：将平面标志盘当作软式飞盘进行各种投跑接、掷远、掷准等练习。

（3）前滚翻夹物：在前滚翻教学中，为了让学生更好地体验低头含胸、团身动作，可将软质平面标志盘夹于下巴、两腿之间进行练习。

（四）注意事项

（1）可以在硬纸板做的平面标志盘外用胶带包裹，既能防潮防霉，又能延长寿命。

（2）在不同材质的平面标志盘上编号所用的方法也不同。在鼠标垫材质的标志盘上编号可将红、黄油漆与石膏粉搅拌均匀后，用排笔刷写在标志盘的正面；防滑垫材质的标志盘可根据需要用不同颜色的油漆在上面编号；硬纸板材质的标志盘可直接用记号笔或水彩笔在上面编号。

（3）用同色的鼠标垫或防滑垫做的平面标志盘，可用不同颜色的油漆在上面写上数字或者画上图形，以便分组时使用。

三十七、足球教学辅助器

在初学足球运球、踢球技术时，为了减少捡球时间，提高练习效率和动作质量，可以利用松紧带和方底标志筒制作足球教学辅助器。该辅助器不仅能激发学生的学练兴趣，还能进一步明确击球部位，提高学生运球、传球的稳定性和准确度。该辅助器制作方便、成本低，便于拆装、易操作，可在足球教学中广泛应用。

（一）制作准备

高度为 30 ～ 50cm 的方底标志筒、宽约 2cm 的松紧带、剪刀、电钻、缝纫机或针线。

（二）制作方法

（1）标志筒打孔：用电钻在方底标志筒底座四边中间处各打一个孔，孔径约 0.8cm。（图 37-1）

图 37-1

（2）缝制十字带：截取 2 条长约为 50cm 的松紧带，然后将 2 条松紧带中对中交叉摆成"十"字形，在交叉处进行缝制固定。（图 37-2）

（3）固定十字带：用剪刀在十字带的每一端末端中间沿纵向中心交叉处剪开长约 10cm 的口子，让其分为两股，然后将 4 头分别固定在标志筒底座 4 个孔洞上。（图 37-3）

图 37-2

（4）组合足球：将足球放进十字带与标志筒底组成的空间处，然后调整十字带，将其对正。（图 37-4）

图 37-3

图 37-4

（三）使用方法

1. 明确击球部位

学生面对十字带站立，十字带把足球正后方分为7个部分（图37-5），其中，十字交叉处为后中部，上面为中上部，下面为中下部，A区为右下方，B区为左下方。在脚背内侧踢定位球时，应击球的后中部；踢高球时，可击球的中下部；踢平弧线球时，击球的左侧（右侧）；踢高轨迹弧线球时，左脚队员击球的左下方，右脚队员击球的右下方。

图 37-5

2. 在足球踢传射技术中的应用

将足球教学辅助器纵向放倒，学生面对标志筒底座做上一步支撑，各种部位踢固定球练习（以右脚为例），如脚内侧踢后中下方（图37-6）、正脚背踢后中部、脚背内侧踢右下方等。这不仅解决了传统两人一组，一人踩球一人踢球练习效率低的问题，而且能很好地固定足球，避免球的滚动。底座的十字带区分出不同的区域，能帮助学生明确不同的击球部位，强化击球部位感觉，同时标志筒尖则指向出球方向，清晰明了，一物多效。

图 37-6

3. 在足球运球技术中的应用

将足球教学辅助器纵向放倒，学生面对标志筒底座做不同部位的连续运球练习。在强化各种击球部位感觉的同时能较好地控制球的滚动速度，因标志筒自身有一定的阻力，也有效避免了力量过大造成的跑动捡球，大大提高了练习效率。（图37-7）

图 37-7

（四）注意事项

（1）若没有电钻，可以用剪刀的尖端对标志筒底边中间处做来回旋转动作，就可以钻出一个小圆洞。

（2）为了防止组合足球松垮掉落，可通过调节十字带四端与方底标志筒固定长短距离来控制松紧度。

三十八、四子棋

四子棋是介于五子棋和三子棋之间的一种对弈的策略型、智力型棋类游戏，它比五子棋稍简单，只要一方将四枚棋子连成一条直线，即胜利。自制四子棋不仅简单易操作，还可以结合跑、跳等多种练习形式进行，能够锻炼学生的思维能力和反应能力，深受学生喜爱。

（一）制作准备

棋盘：粉笔、尺子、敏捷圈、定制棋盘。

棋子：纸球、沙包、实心球、训练背心、小体操垫、标志筒、标志盘。

（二）制作方法

在实践的基础上，我们根据不同场地及使用材料，制作了基础款和升级款两种四子棋。

1.基础款

基础款的主要特征是取材方便、因地制宜，无须加工制作，就可以操作使用。

棋子：选用两种颜色的纸球、标志筒（图38-1）、标志盘（图38-2）、沙包（图38-3）、训练背心（图38-4）、实心球等物品作棋子。

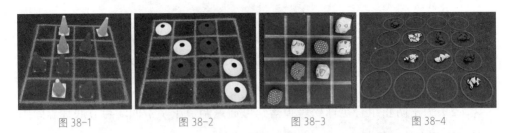

<table>
<tr><td>图 38-1</td><td>图 38-2</td><td>图 38-3</td><td>图 38-4</td></tr>
</table>

棋盘：根据棋子的大小，用粉笔在地面（图 38-1）、体操垫（图 38-3）上画出 4×4 方格；或者用 16 个敏捷圈直接在地面摆放成 4×4 的棋盘（图 38-4）。

2. 升级款

升级款的主要特征是棋子变大或定制棋盘，能激发学生参与的欲望。

棋子：选择两种颜色（如蓝色和绿色）的小体操垫各 4 块作棋子，并用胶带封好，避免使用时小体操垫打开而影响游戏效果；若没有两种颜色的小体操垫，可以在垫子外面包裹与垫子颜色不一样的布料（图 38-5）；也可以用两种颜色的塑料脸盆作棋子。

棋盘：定制一副长 1 ～ 5m 的正方形棋盘，棋盘上分别标上 4×4 圆格。（图38-6）

图 38-5   图 38-6

（三）使用方法

四点连线：每队 4 ～ 8 人，画 2 条相距 15 ～ 30m 的平行线，在中间放置一张棋盘（4×4 圆格）。比赛双方成纵队分别站于两条线后，前 4 人每人手持 1 枚棋子，第一人再加一个接力环。发令后，两队第一人跑向棋盘，将棋子放置在任意空格内后跑回起点并将接力环交给第二人，第二人以同样方法进行，直到第四人放好棋子，棋盘上两队各有 4 枚棋子后，继续依次接力跑出挪动方格里面的棋子，如此循环进行，直到一方率先将横、竖、斜任意方向 4 枚棋子连成线，则该队胜出。（图 38-7 为小棋盘，图 38-8 为大棋盘）

图 38-7

图 38-8

游戏规则：

（1）交接时，不得越线交接；接力顺序按站队排序进行，不得错接、漏接、跳接，发现一次加时 2s。

（2）空格的归属权先到先得，迟放方只能另找其他空格。

（四）注意事项

（1）四子棋的玩法比三子棋稍难，如果是低学段学生可先制作三子棋进行游戏，高学段学生可选择四子棋甚至五子棋，但五子棋耗时比较长，因此建议选择四子棋。

（2）在四子棋游戏中，可将跑改为多种形式的跳，以增加游戏的趣味性和难度。

（3）定制棋盘可根据需要设计不同大小，也可设计色彩鲜艳的底色，增加美观性，激发学生的游戏兴趣。

（4）充分利用学校的现有器材，如敏捷圈可用呼啦圈来代替，棋子可用布条或者衣物裹成团状来代替。

（5）为了让棋子更加美观漂亮，可以用各种颜色的布料做垫套。

三十九、活动单杠

目前，中小学基本上使用的都是固定单杠，学生每次练习都要去固定的单杠场地，缺乏灵活性。同时，固定单杠也有遇恶劣天气在室外无法使用、固定高度无法满足所有学生等缺点。利用镀锌管、不锈钢管、竹竿等自制的活动单杠，具有取材方便、使用便捷等特点，其既能培养学生的合作意识，又能锻炼学生的上肢力量及协调性等身体素质。

（一）制作准备

直径 3 ~ 4cm 的镀锌管、不锈钢管，直径 4 ~ 5cm 的竹竿，钢锯，锉刀或砂轮，布条或胶带。

（二）制作方法

（1）截取：用钢锯截取一根长 1.5 ~ 2.2m 的镀锌管或不锈钢管；竹竿取 1.4 ~ 2.0m 长。

（2）打磨：使用锉刀或砂轮将金属管两端切口的毛刺打磨平整，避免划伤；同样，用竹竿制作的单杠要去除表面竹节，并将两端切口打磨平整。

（3）包裹：用布条或胶带包裹金属管或竹竿的两端，一根活动单杠就完成了。

（三）使用方法

两人分别握活动单杠的两端，将其放置于腹前或肩上。在做好保护与帮助的前提下，学生进行支撑（图 39-1 为不锈钢管，图 39-2 为竹竿）、骑撑（图 39-3）等基础单杠技术动作学练。

图 39-1　　　　　　　　　图 39-2　　　　　　　　　图 39-3

（四）拓展运用

1. 力量练习

三人一组，两人抬杠，一人在单杠下做斜身引体（图 39-4）、屈臂悬挂（图 39-5）、屈腿引体向上、支撑或悬挂移行等练习。

图 39-4　　　　　　　　　图 39-5

2. 双杠使用

3 ~ 5 人一组，将两个活动单杠合并成活动双杠，可进行各种支撑（图 39-6）、摆动、屈伸、支撑移行（图 39-7）等练习。

图 39-6　　　　　　　　　图 39-7

（五）注意事项

（1）为了活动单杠的稳固性，不要选用普通镀锌管，应使用优质加厚镀锌管。

（2）为增加活动单杠的稳固性和安全性，尽量选择 4 ~ 6 人进行抬杠。

（3）可根据学练需要选择适宜的杠高，杠端放于腹前为低杠，放于肩上为高杠。

四十、便携式单杠

利用镀锌管制作的便携式单杠具有制作简单、经济实惠、使用方便的特点，可用于力量练习和单杠基础技术教学等，值得基层学校借鉴与使用。

（一）制作准备

直径 3 ~ 4cm 的镀锌管、电焊机、切割机或钢锯、钢卷尺、粉笔或记号笔、砂轮。

（二）制作方法

便携式单杠由横杠和侧立柱两部分组成。下面以制作一个高 90cm、宽 120cm 的便携式单杠（图 40-1）为例，介绍制作方法。

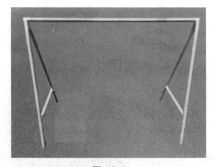

图 40-1

（1）测量：根据需要的尺寸用钢卷尺对直径 3.5cm 的镀锌管进行测量，并用粉笔留下标记，分别量取 1 段 120cm（作横杠）、4 段 96cm（作侧立柱）、2 段 40cm（作侧立柱之间的横档）。

（2）切割：用切割机对标记处的镀锌管进行切割。

（3）画模：用粉笔在平地上画两条相距 90cm 的平行线，在两条平行线中间画一条垂线，组成一个"工"字形。

（4）排模：取 2 根 96cm 的镀锌管一端靠于"工"字形上面交叉处，另一端靠于"工"字形下面的直线上，分别放于垂直线的左右两边。然后将 1 根 40cm 的镀锌管横放于 2 根 96cm 的镀锌管之间，保持 40cm 的镀锌管与"工"字形上下线平行，3 根镀锌管组成一个大写字母"A"。

（5）焊接：用电焊机将上述互靠连接处进行焊接，形成一个牢固的 A 形侧立柱，同样再焊接另一个 A 形侧立柱。然后将 120cm 的镀锌管放于两个侧立柱顶端，保持侧立柱平面平行，最后将横杠两端焊接在两个侧立柱顶端。

（6）打磨：用砂轮对管子端部和焊接部位进行打磨，去除切割和焊接产生的毛刺，避免毛刺伤人。

（三）使用方法

（1）单杠教学：用于单杠的支撑平衡、单脚蹬地翻身上成支撑、支撑单腿摆越成骑撑（图 40-2）、骑撑后倒单挂膝上（图 40-3）等技术教学。

（2）力量练习：可进行斜身引体（图 40-4）或高台斜身引体、吊杠收腹举腿、支撑移行、头高位俯卧撑、脚高位俯卧撑等练习；两个单杠并排放置变成活动双杠，可进行双杠臂屈伸、端腹、直臂撑行等练习。

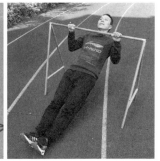

图 40-2　　　　　　　　　　图 40-3　　　　　　　　　　图 40-4

（3）标志物：便携式单杠可用作小足球门（图 40-5）、障碍跑的山洞、排球垫球的隔离网等。

（四）注意事项

（1）为了便于焊接和使用的安全性，尽量选用优质加厚镀锌管。

（2）为了两侧立柱的底部与地面保持完整平贴以及使用的稳定性，要对立柱底部进行适当角度切割。

图 40-5

（3）为了确保便携式单杠使用的稳固性，使用时，两侧立柱最好各站一人扶持，也可一脚踩在侧立柱的横档上。

（4）根据学生身高和练习需要，建议制作不同高度、宽度的各种规格的单杠。

四十一、高度固定式跳高架

传统的跳高架需要人工设置高度，这样不仅会因人工调节高度而产生误差，而且较为耗时、费力。本器材为高度固定式跳高架，每次跳高结束后不需要重新调整高度，只需要把横杆放在托架相应的高度即可。在跳高教学、训练和比赛中，高度固定式跳高架可以提高练习效率，为工作人员提供便利。根据使用需要及制作工序，跳高架分为基础款和升级款两款。两款跳高架的使用方法基本相同，主要区别在于升级款可以自主调整跳高横杆的下垂距离（基础款不能自主调整），让横杆高度更准确。

（一）基础款

1. 制作准备

长 160cm 的 5cm×5cm 方管 2 根、50mm×50mm×3mm 直角角码 66 个、废弃跳高架底座 2 个、电钻及配套工具、铆钉枪、铆钉、记号笔、卷尺。

2.制作方法

高度固定式跳高架由底座、立柱和托架三部分组成（图41-1）。为了在跳高时，工作人员能更快捷、更方便地调整高度，本器材采用了对称双排固定高度托架的设计。下面以制作一副高度为80～160cm的固定式跳高架为例，说明制作方法。

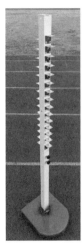
图 41-1

（1）测量：从方管一端量至80cm（包含跳高架底座的高度）处开始，在方管正面上每间隔5cm（如85cm、90cm、95cm……160cm）用记号笔做一个标记，共画出17个刻度标记；在标记对应的方管背面，量至83cm处作为起始高度，每隔5cm（如88cm、93cm、98cm……158cm）用记号笔做一个标记，共画出16个刻度标记。

（2）标记：把角码一面贴在有标识的方管上，另一面朝上（最上沿与刻度标记在同一水平面上）作托架。然后在贴于方管面的角码固定点画出标记（用于固定铆钉位置），如此重复动作，将所有刻度标记处都标记上角码固定点。

（3）打孔：用电钻对标记角码固定点处一一打孔。

（4）固定：用铆钉将角码固定在方管上。（图41-2）

（5）组合：将方管（立柱）的下端焊接在跳高架底座正中间位置（图41-3），确保方管呈垂直状。

（6）标注：用记号笔在角码旁写上对应的刻度数值。（图41-2）

3.使用方法

将一副高度固定式跳高架放置好，根据学生的年龄及跳跃能力，将横杆放在适宜的起跳高度的角码上。学生成功跳过后，逐渐升高高

图 41-2

图 41-3

度，一般先每次升高 5cm，而后每次升高 3cm。（图 41-4）

图 41-4

4. 注意事项

（1）在对立柱（方管）量取刻度时，一定要包含底座的高度。

（2）根据学生的年龄情况及实际需要，设置跳高的最低高度和最高高度。

（3）为了美观，高度数值可以用不干胶粘贴，也可在方管上喷上银白色油漆。

（4）本器材在设计时未考虑横杆中间下垂距离，请学校根据使用的横杆材料（如碳素、玻璃钢、铝合金、竹竿等材料），通过实际测量给出下垂距离，一般为 0.3 ~ 2.0cm，若下垂距离小于 1cm，建议采用在底座下放置多块三合板来调整；下垂距离若为整数值，可以在相应高度值上直接减去一定数值（如横杆下垂距离为 2cm，横杆放在 125cm 处，实际高度为 123cm），不用在底座垫高。

（5）如原废弃跳高架底座重量轻，使用中稳定性不足，建议在底座下面焊接一些铁块，以增加底座重量。

（6）若没有废弃跳高架底座，可选用厚度 1 ~ 2cm、40cm×40cm 的钢板代替。

（二）升级款

升级款高度固定式跳高架制作方法与基础款基本相同，只是多了一项可以自主调节跳高横杆下垂距离的功能。为此，相同之处不再赘述，下面主要介绍一下不同之处的制作方法。

图 41-5

1. 制作准备

长约 20cm 的 4.5cm×4.5cm 方管 2 根、外径 6 ~ 10mm 的梅花手柄螺丝（图 41-5）及螺母、软尺（图 41-6）、双面胶、钢锯、电焊机、砂轮，

图 41-6

其他准备材料与基础款相同。

2. 制作方法

（1）截取：将长160cm的5cm×5cm方管从一端60cm处锯开，其中，长60cm的方管作跳高架立柱的下端（固定底座部分），长100cm的方管作跳高架立柱的上端（固定托架部分）。

（2）焊接：将长20cm的4.5cm×4.5cm方管插入长100cm的方管一端少许，用电焊机焊接牢固。

（3）打磨：用砂轮将焊接处打磨圆滑，不留毛刺，以长60cm的方管一端能插进长20cm的4.5cm×4.5cm方管为宜。（图41-7）

图41-7

（4）固定梅花手柄螺丝：在长60cm的方管一面钻2个圆孔（直径与梅花手柄螺丝相同或略大）；然后将螺母焊接在孔洞正上方，最后将梅花手柄螺丝旋转在螺母上。（图41-8）

（5）贴数值：取标有0～8cm刻度的软尺，然后用双面胶贴在长20cm的4.5cm×4.5cm方管上（图41-9），为了便于查看，将小数值朝上（也就是朝托架方向）。

图41-8

3. 使用方法

（1）调整横杆下垂距离：练习或比赛前，根据所使用跳高横杆的制作材料，测量出横杆中间的下垂距离，然后将立柱上端（托架端）上调相应的下垂距离，最后将梅花手柄螺丝拧紧，以避免上端

图41-9

立柱下滑。（图41-10）

（2）后续使用：参见基础款高度固定式跳高架的使用方法。

4.注意事项

（1）套接方管的外径要与作立柱方管的内径相同或微小，以刚好能套接为宜，两者间隙不能过大，以免晃动影响正常使用。

（2）建议用来固定调节横杆下垂距离的梅花手柄螺丝每个立柱上安装2个，以增加牢固性。

（3）调整横杆下垂距离的数值软尺张贴面与梅花手柄螺丝固定面不要安排在相同的立柱面上。

图 41-10

四十二、重力球

当前，重力球在协调性练习、核心稳定性练习、力量练习等方面广泛运用。利用废弃橡胶球制作的重力球，具有制作简单、使用便捷的特点。根据需要可以制作不同规格的重力球，既能让废弃橡胶球得到重生，又能丰富学生的练习器材。

（一）制作准备

废弃橡胶球、补胎胶片、锉刀、胶水、剪刀、矿泉水瓶、沙子、锯末。

（二）制作方法

（1）开洞：用剪刀在橡胶球上剪出一条长约5cm的口子。

（2）漏斗装沙：用剪刀将矿泉水瓶拦腰剪断，一分为二，形成漏斗和杯子。将瓶盖拧下，把瓶口塞入橡胶球的口子内，然后用杯子往球体内装沙子或锯末，

装填分量根据需求进行控制。（图 42-1）

（3）打毛：用锉刀将橡胶球洞口及周边区域打毛，注意不要用力过猛，以免造成球体损坏。（图 42-2）

图 42-1　　　　　　　　　　　　　　　图 42-2

（4）补胶：在洞口周边均匀涂抹胶水（图 42-3），等待 1 ~ 2min，再撕掉补胎胶片上的锡纸，贴到打磨处（图 42-4），覆盖洞口后再用手指压平整，最后在补胎胶片边缘处反复捶打，直至完全贴合（图 42-5）。

  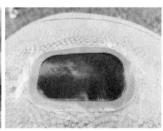

图 42-3　　　　　　　　　图 42-4　　　　　　　　　图 42-5

（三）使用方法

各种抗阻力量练习，如持球卷腹、蹲起、弓步转体、V 字支撑转体、弯举、滚球俯卧撑等练习。

（四）注意事项

（1）通过沙子与锯末不同的混合比例来制作不同重量的重力球，以满足不

同年龄段学生的练习需求。可以用记号笔在球上标上重量，便于分类使用。（图42-6）

（2）制作时要选择废弃橡胶球，其他材质的球不便于贴合。

（3）重力球具有一定的危险性，要合理存放，避免存放在高处。

图42-6

（4）尽量选用自行车补胎大胶片（如60mm×40mm的胶片），若只有小胶片，可以采用多块叠补的方式封口。

四十三、简易足球门

随着国家大力发展足球运动，校园足球也随之蓬勃开展。一些学校因场地、经费等原因，没有标准的足球门或缺少辅助教学训练的小足球门，从而影响了足球教学的整体效果。而用PVC管和镀锌管制作的简易足球门，具有取材方便、制作简单、经济实惠的特点，可以缓解足球门不足的情况。下面以制作一个120cm×80cm的足球门为例，说明简易足球门的制作方法。

（一）PVC管足球门

1. 制作准备

直径7.5cm的PVC直管、45°弯头2只、90°弯头2只、斜三通2只、直接管2只、PVC胶水、钢锯、记号笔、卷尺。

2. 制作方法

（1）截取：用钢锯截取2根长52cm（作立柱）、1根长115cm（作横梁）、2根长76cm（作支撑杆）、2根长8cm（作连接管，放在斜三通与90°弯头的中间）的PVC直管。

（2）组合：①横梁：将2只90°弯头分别套在长115cm的PVC直管两端，

再将 2 根长 8cm 的连接管插入 90° 弯头。②立柱和支撑杆组合：将 1 只直接管

（作立柱底脚）套在长 52cm 的 PVC 直管的一端，另一端连接斜三通的直通口；然后将长 76cm 的 PVC 直管一端与斜三通的斜通口连接，另一端与 1 只 45° 弯头连接。同样方法再组合另一边的立柱和支撑杆。③完整组合：将之前组合好的横梁和立柱、支撑杆的组合体进行连接。（图 43-1）

图 43-1

3. 使用方法

将制作好的足球门放在适宜的场地上，作为便携式足球门进行足球教学或训练。

4. 注意事项

（1）PVC 管足球门各连接处可以用 PVC 胶水固定。

（2）可以在足球门上铺上废弃渔网或网状物。

（3）由于 PVC 管抗压力不强，不能重压或依靠。

（4）为增加 PVC 管足球门的重量及稳定性，可以在 PVC 管内浇筑混凝土。

（5）为增加球门的牢固性，可在球门立柱与支撑杆、支撑杆与支撑杆之间添加固定杆（需要增加 PVC 三通和直管等材料）。

（二）镀锌管足球门

1. 制作准备

直径 3.3cm 或 5cm、6.6cm 的镀锌管，相应大小的内丝弯头 6 只、内丝三通 2 只，攻丝器，电焊机，钢锯，记号笔，卷尺，废弃渔网或网状物。

2. 制作方法

（1）截取：用钢锯截取 2 根长 70cm（作立柱）、3 根长 115cm（2 根作横梁，1 根作底座横边）、2 根长 125cm（作支撑杆）、2 根长 60cm（作底座侧边）、

2根长20cm（作横梁两边连接杆）的镀锌管。

（2）攻丝：使用攻丝器在2根横梁、2根立柱、2根底座侧边的两端都打出外螺纹。

（3）组合：①将横梁两头接上内丝弯头，与2根立柱连接；②通过内丝三通将立柱与底座侧边连接；③将底座、弯头和底座横边连接。

（4）焊接：①将2根长20cm的连接杆焊在2根横梁两边；②将2根支撑杆分别焊接在后横梁与底座（底座侧边与横边的弯头上）之间。

（5）铺网：在足球门上铺上废弃渔网或网状物。（图43-2）

3.使用方法

（1）将制作好的足球门放在适宜的场地上，作为便携式足球门进行足球教学或训练。

（2）镀锌管足球门还可以作为低单杠，进行双手支撑、斜身引体、高低位俯卧撑、压腿压肩等练习。

图43-2

4.注意事项

（1）对器材上出现的金属毛刺，要使用锉刀或砂轮进行打磨，防止人员划伤。

（2）定期做好保养，防止球门生锈。

四十四、接力棒

接力棒是中小学体育教学中常用的体育器材，通常在接力比赛中使用，也可用于角力、投掷等练习。利用废旧杂志、木材、竹竿、纸筒、塑料管等材料自制的接力棒，具有用材广泛、制作简单、使用便捷等特点。自制接力棒不仅能丰富体育课程资源，还能培养学生的动手能力和创新能力。

（一）制作准备

书本（A4纸大小）、报纸或废纸、塑料管（PVC管或PPR管）、毛竹、圆木、油漆（红、白色）、胶带、锯子、砂纸。

（二）制作方法

根据自制接力棒所需的不同材料与制作特征，我们总结了原样、卷制、截取三种制作方法，下面分别对这三种制作方法进行说明。

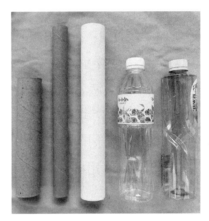

图 44-1

1.原样

将生活中的圆柱状水瓶或纸筒（保鲜袋、保鲜膜、油印机蜡纸等纸卷芯）不经加工直接拿来使用，这些都是现成的接力棒。需要注意的是，选择的材料大小尽量与接力棒尺寸相似。（图44-1）

2.卷制

（1）书本：选取A4纸大小的书本（不能太厚），沿书本的纵向卷成圆柱状（大小与接力棒相似），用胶带在外面缠绕固定即可。

（2）报纸：用报纸或废纸卷成同接力棒大小的半空心圆棒，用胶带在外面缠绕固定即可。（图44-2）

图 44-2　　　　　图 44-3

3.截取

采用截取的方式自制接力棒，一般选择塑料管、毛竹、圆木等制作（图44-3从左至右分别为塑料管、毛竹和圆木）。

（1）塑料管：截取直径3～3.5cm、长30cm的PVC管或PPR管，刷上红、白色油漆即可。

（2）毛竹：截取直径 3 ~ 3.5cm、长 30cm 的毛竹，用砂纸除去表面竹节和毛刺，刷上红、白色油漆即可。

（3）圆木：选择圆木棒或铁锹柄、锄头柄、拖把杆等，截取 30cm 长，用砂纸将棱角及粗糙表面磨平、磨光，刷上红、白色油漆即可。

（三）使用方法

（1）接力跑：在接力跑时，学生需要使用接力棒，前一名学生需要将接力棒传递给后一名学生。

（2）角力：两名学生间隔约 1m，面对面站立，各用单手握住同一根接力棒，互相用力拉引，两脚不能移动，手握紧不能松，以免摔倒跌伤，脚先移动的一方视为失败。一般采用材质坚固的接力棒。

（3）投掷：用接力棒在草地进行掷远、掷高、抛接等多种形式的练习。

（四）注意事项

（1）角力练习一般选用硬度较大的实心接力棒，避免使用中断裂。

（2）利用 PVC 管或 PPR 管、毛竹和圆木制作接力棒时，有毛刺的地方要打磨光滑，避免使用中划伤手。

（3）可以制作不同尺寸的接力棒，让学生有不同的体验，给他们带来不同的乐趣。

四十五、投掷教学辅助器

在中小学体育教学中，投掷项目不仅难度较大、内容枯燥，还存在一定的危险性。为有效提升学生的投掷能力，提高练习效率和动作质量，我们创新性地利用矿泉水瓶、尼龙绳等常见物品，设计并制作了一款投掷教学辅助器。这款辅助器可以用于实心球、垒球、铅球和标枪 4 个项目的辅助练习，它不仅能激发学生的学练兴趣，还能进一步帮助学生明确出手角度和高度，使学生充分体会完整的技术动作及发力方式。此外，这款辅助器具有制作简单、使用方便、便于拆装、成本低等优点，可在投掷教学中广泛应用。

（一）制作准备

容量为 4.5 ～ 12.9L 的矿泉水瓶、外径 2.5cm 的 PPR 管、直径 6 ～ 8cm 的泡沫浮球、直径约 10cm 的不锈钢水箱浮球、线径 4 ～ 8mm 的尼龙绳、宽 5 ～ 10mm 的松紧带、直径 6mm 的全牙螺纹螺杆及螺帽、废弃标枪、铁丝、膨胀钩、铁锯、电烙铁、螺丝刀、电钻、海绵块或空心软棒。

（二）制作方法

（1）模拟实心球：用矿泉水瓶代替。用电烙铁在矿泉水瓶底部的正中间烫一个直径约 1cm 的孔（图 45-1），用螺丝刀戳开瓶盖中间的小洞（图 45-2）。

（2）模拟垒球：用泡沫浮球代替。将长约 60cm 的松紧带对折穿过泡沫浮球中间的圆孔，并前后打结；取长约 25cm 的 PPR 管，用直径 3 ～ 6mm

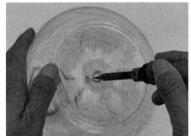

图 45-1　　　　　　　　　图 45-2

钻头的电钻在 PPR 管正中间垂直钻出两个孔（能穿过铁丝即可），然后将铁丝穿过两个孔拧紧并留出一个圆圈（图 45-3），最后将挂有泡沫浮球的

图 45-3

松紧带一端（无泡沫浮球一端）固定在圆圈上。

（3）模拟铅球：用不锈钢水箱浮球代替。取长约 50cm 的 PPR 管，用直径

6mm 钻头的电钻在 PPR 管正中间垂直钻出两个孔；用铁锯截取一段长约 15cm 的全牙螺纹螺杆，接着将 2 ~ 4 颗螺帽拧在全牙螺纹螺杆中间，然后将全牙螺纹螺杆一端拧紧于不锈钢水箱浮球上的螺帽处，另一端拧于 PPR 管的两个钻孔处，最后用螺帽分别将两端拧紧固定。（图 45-4）

（4）模拟标枪：用 PPR 管或废弃标枪代替。取长约150cm 的 PPR 管，或将废弃标枪的枪头和尾翼截断只保留枪身部分。

图 45-4

（5）穿绳：先取下模拟实心球的瓶盖，接着取一定长度的尼龙绳从底部穿过瓶口（图 45-5），然后穿过瓶盖中间的小洞，最后将瓶盖拧回瓶口；模拟垒球、铅球、标枪直接用尼龙绳穿过 PPR 管或标枪枪身。

图 45-5

（6）安装固定物：将若干枚膨胀钩固定在一定高度的适宜墙壁上（图 45-6），在其对面距离 5 ~ 30cm 的低处墙壁上同样固定膨胀钩。若没有适宜墙壁，高处可用学校看台、球场（田径场）防护网、树木、栏杆、篮球架等代替，低处可用杠铃片、栏杆、立柱等代替。

（7）固定器材：将模拟器材上的尼龙绳两头，分别固定在高、低两处固定物上，让绳子呈斜拉状即可。模拟实心球瓶口和废弃标枪头端朝高处（图 45-7），模拟垒球（图45-8）、铅球（图 45-9）、标枪（图 45-10）不涉及方向。

图 45-6

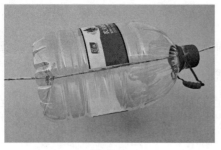

图 45-7

图 45-8

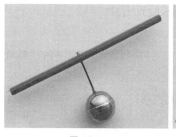
图 45-9

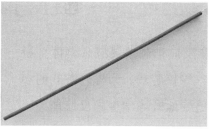
图 45-10

（三）使用方法

学生根据身高调整适宜的站位和器材位置，身体正对或侧对投掷方向，手持器材，做各投掷项目的准备姿势和投掷出手动作练习，投掷出手后，等器材落回原位后即可进行下一次练习。如练习正面双手投掷实心球动作时，学生面对绳子高点站立，双手持矿泉水瓶底部向后引臂背弓，接着双脚蹬地、收腹、挥臂，将矿泉水瓶用力向前上方掷出。（图 45-11）

图 45-11

（四）注意事项

（1）斜拉绳子与水平线的夹角为 38°～42°，以形成最佳的投掷出手角度，这样既可以规范学生的出手角度和高度，又可以通过观察模拟器材在绳子上的滑行速度和距离判断出手角度是否正确，发力是否充分。

（2）为了让模拟器材保持最佳出手角度和自动回落，尽量拉直绳子。

（3）尼龙绳可以用丙纶绳代替，这样更耐磨，还可以用铁丝代替，这样更耐用、回落效果更好。

（4）有时因绳子过短或学生力量过大，模拟器材会撞到高处固定物，容易导致模拟器材损坏，因此可以在高处固定物前的绳子上穿上一定厚度的海绵块或一定长度的空心软棒，以有效吸震和减缓冲击力，避免模拟器材损坏。

四十六、多彩反应拍

多彩反应拍制造灵感来自体育游戏中的红绿灯游戏。为提升游戏的多样性，更好地锻炼学生的反应能力，我们在废弃乒乓球拍、嗒嗒球拍的正反面涂上不同的颜色，制作成多彩反应拍（图46-1），既解决了红绿两色无法满足教学需求的问题，又使红绿灯游戏更有新颖性、创造性和生命力。

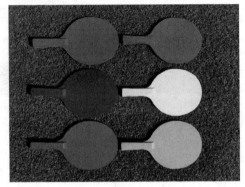

图 46-1

该器材采用废物利用，材料易得，制作简单，使用方便，可在体育游戏中广泛应用。

（一）制作准备

废弃乒乓球拍、嗒嗒球拍、各色喷漆、砂纸。

（二）制作方法

（1）清洁：将废弃乒乓球拍或嗒嗒球拍的表面清洁干净，如有毛刺，可用砂纸打磨平整。

（2）喷漆上色：在清洁完毕的球拍一面用自动喷漆上色，然后再在球拍另一面喷上另一种颜色。为了保证色泽鲜艳，一般等前一遍漆干了之后再喷漆，如此重复2～3次。（图46-2）

图 46-2

（三）使用方法

1. 红绿灯

教师出示反应拍绿面时，学生根据要求做动作，如双手胸前击掌、小碎步跑、开合跳、高抬腿等；出示红面时，就立即停止动作，看谁反应又快又准。以此类推，在红绿色基础上再增加其他颜色的反应拍，以增加游戏难度与挑战性，如出示蓝色为头顶击掌，绿色为胸前击掌，红色为停止；又如出示蓝色为高抬腿，绿色为开合跳，黄色为小碎步跑，红色为停止。

建议：可以做反指令游戏，也就是出示红色时做规定动作，出示绿色时停止动作。

2. 做动作说色

在篮球原地运球中，学生边运球边抬头大声喊出教师出示的反应拍的颜色（图46-3）。这个游戏不仅可以提高学生的运球能力，还可以使学生养成运球时抬头观察的习惯。同理，学生还可以做滑步、小碎步跑、高抬腿、交叉步、后踢腿跑等辅助练习。

图 46-3

3. 看色做动作

为每种颜色设定一个特定的动作。例如，红色为原地高抬腿，黄色为直腿前踢，蓝色为原地开合跳，绿色为后踢腿跑等。游戏开始后，教师随机举拍出示一种颜色，学生大声喊出该颜色，同时迅速做出该颜色对应的动作，如教师出示蓝色，学生喊出"蓝色"时做原地开合跳（图46-4），直到教师出示另一种颜色，学生同时变换相应动作，以此类推，看谁做得又准又快。

图 46-4

4.组色相对

　将学生分成2～4组，同样准备2～4种颜色反应拍，并指定各组对应的颜色。游戏开始后，全体学生原地站立或做起始动作（如原地小跑、踏步、开合跳、金鸡独立等原地动作），当教师出示一种颜色时，对应小组立即做规定的动作（注意：规定动作不能与起始动作相同），无关小组不用做，保持原来动作即可。接着教师换其他颜色，依次进行，看哪组反应动作又快又齐，若有小组错做、抢做则为犯规，需要接受相应的惩罚。（图46-5）

图 46-5

（四）注意事项

（1）原材料球拍也可以用硬纸板或多层板来代替。

（2）每个球拍两面各喷一种颜色，做到一拍两色。选择色彩鲜艳、易于辨别的喷漆颜色，一般以红、黄、蓝、绿、黑、白6种颜色为主，也可以用其他颜色。

（3）为了灵活出示反应拍，练习时，持拍者一人一手一拍，每次只能拿两个反应拍，可以出示4种颜色。也可以将两个反应拍的拍柄底部相抵，一手抓握两个相连的拍柄，变成一手持两拍（图46-6），由原先的4种颜色提升为8种颜色，让游戏更多变、更有趣，分组也更多。

图 46-6

（4）在教室内活动时，考虑桌、凳和空间因素，一般选择在座位上进行简易且幅度不大的动作，如拍手、拍桌、举手、胸前绕臂、跺脚、原地踮脚、蹲起、小纵跳等。

（5）在游戏开始前，教师应该进行动作示范或预演几次，确保所有学生都清楚游戏玩法。

第三部分　器材收纳类

四十七、羽毛球拍放置器

　　羽毛球拍是学校常见的体育器材，多数学校会将羽毛球拍叠放在箱子或架子上，取放时容易磕碰造成羽毛球拍损坏，而长期的叠放、挤压容易让球拍变形，既造成学校体育器材资源的损失，又给器材的管理带来不便。根据球拍的特征，闲置时采用拍头（拍框）朝上的方式悬挂放置，既能保持球拍受力均匀，又能保证球拍不会因为挤压而变形。为此，我们自制的壁挂式和移动式羽毛球拍放置器，解决了学校羽毛球拍长期以来"无窝可居"的尴尬局面，使体育器材的管理走向规范化、科学化、标准化。

（一）壁挂式羽毛球拍放置器

图47-1

　　壁挂式羽毛球拍放置器由撑杆和支撑板组成。（图47-1）

　　1.制作准备

　　2～5号铁丝、8cm×10cm的铁板、老虎钳、电焊机、电钻、螺丝。

　　2.制作方法

　　取两根70～90cm长的铁丝，分别折成"⌐"形，形成撑杆，然后将两撑杆间距4～5cm并排平行放置，成双轨式，将其末端焊接在铁板上。图47-2为演示图，图47-3为实物图。最后，在铁板

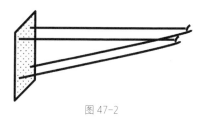

图47-2

图47-3

的四角钻孔，用螺丝将羽毛球拍放置器固定在适宜悬挂的柜子、墙壁上即可。

3. 使用方法

将羽毛球拍柄推入双轨支撑杆，让拍面与支撑杆垂直，球拍自然就悬挂于支撑杆上了。

4. 注意事项

（1）为避免羽毛球拍向下滑落，将撑杆转弯处做成凸头（球形）。

（2）可调整撑杆的长度来增减球拍放置数量。

（3）也可用直径 4 ~ 6mm 的圆钢筋来制作，折成"⌐__"形，再焊接在铁板上。

图 47-4

（二）移动式羽毛球拍放置器

移动式羽毛球拍放置器由箱体、球拍槽和脚轮组成。（图 47-4）

1. 制作准备

1 ~ 2cm 厚木工板或木板、万向轮、铁钉、锯子、卷尺。

2. 制作方法

（1）板材准备：锯两块宽 5cm、长 60cm 的长方形木板作球拍槽；锯两块宽 60cm、高 45cm 的长方形木板作前后封板，锯两块上底 15cm、下底 28cm、高 45cm 的梯形板作左右两边封板。

（2）箱体：将四块封板拼接封闭成四棱台，并用铁钉牢固。

（3）球拍槽：将两块球拍槽的木板分别固定在箱体上口，两块木板间距约 5cm。

（4）脚轮：在箱体下口四角处先钉一块三角板，然后在三角板上安装万向轮。（图 47-5）

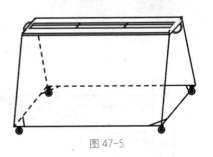

图 47-5

3. 使用方法

移动式羽毛球拍放置器可收纳 25
副羽毛球拍。放置时，将球拍柄插入
球拍槽内，球拍头自然会卡在球拍槽
端口。

4. 注意事项

（1）可在学生坐的长木椅的椅面

图 47-6

上切开一条宽约 5cm 的长条，制成简易球拍放置器。（图 47-6）

（2）为防止球拍从球拍槽内滑落到箱体上，用铁丝在球拍槽上设置相距
约 18cm 的隔栏。

（3）可以在两端箱体上固定拉手，便于移动。

（4）可以在箱体两侧加上附格，用来放置羽毛球。（图 47-4）

四十八、乒乓球具放置器

当前，作为国球的乒乓球在我国中小学校开展广泛，深受广大中小学生的喜爱，
但在教育部印发的《中学体育器材设施配备目录》《小学体育器材设施配备目录》
中，只有乒乓球拍和乒乓球，并没有放置乒乓球具的器材。大部分学校都是将乒
乓球拍集中叠放在箱子或架子上，取放时的磕碰容易造成乒乓球拍特别是胶皮损
坏，长期的叠压容易让胶皮相互粘贴而损坏。这样，既造成学校体育器材资源的
损失，又给器材的管理带来不便。为此，经过实践，我们制作了一种乒乓球具放
置器，解决了学校乒乓球具长期以来"无窝可居"的尴尬局面，使体育器材管理
向规范化、科学化、标准化方向发展。

（一）制作准备

软质泡沫、3cm×3cm×400cm 方木条、钉子、三合板、锯子、超能胶粘剂、
美工刀。

（二）制作方法

乒乓球具放置器由托架、球拍固定槽和球槽组成。（图48-1）

图48-1

1.托架

取3cm×3cm×400cm方木条分别截成120cm4根、20cm8根（其中4根作支条，4根作横档），然后用钉子固定组合成一个长方体框架。（图48-2）

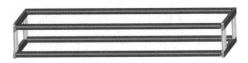

图48-2

2.球拍固定槽

将软质泡沫截成长、宽、高分别为120cm、3cm、3cm的长方体，共截4条，接着分别在每条的长边挖取宽约为12mm、深约为20mm的U形槽，U形槽间距为5cm，用以制作乒乓球拍固定槽（图48-3、图48-4）。

图48-3

3.球槽

截5cm长的木条，三合板截成3cm×120cm（作挡板）和26cm×120cm

图48-4

（作底板）的长方形，先将5cm长木条接在托架下方横条的两侧，并固定。然后将截好的2块三合板分别固定在5cm长木条的外面和托架底部，即形成半封闭的球槽。

4.组合

将带有U形槽的软质泡沫用胶粘剂固定在托架横条的上方，U形槽的开口向内，乒乓球具放置器即制作完成。（图48-5）

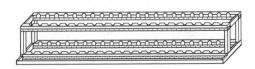

图48-5

（三）使用方法

将乒乓球具放置器放置在桌面上或架子上，分别放入乒乓球拍和乒乓球即可。

（四）注意事项

（1）为了美观，托架的木条可用木工刨刀进行刨光处理，并刷上油漆。

（2）球拍固定槽可用高发泡聚乙烯、泡沫橡胶代替，或泡沫地垫，如果厚度不足，可用多层叠加。

（3）放置器的长度可根据需要自行调整；U形槽间距可适当增减，一般为 4 ~ 6cm。

（4）可将乒乓球具放置器做成放置柜，这样更为规范、科学和美观。放置柜为上、下部分，下部分为带柜门的储物柜，可存放新购买或备用的乒乓球具，也可放棋类等其他小件体育器材；上部分为乒乓球具放置区，呈层式结构，基本设置三层即可满足中小学校体育器材乒乓球具的配备标准。（图48-6）

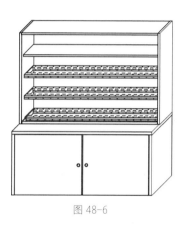

图48-6

四十九、三大球放置架

足球、篮球、排球三大球基本是各校都会开展的教学项目，许多地方将三大球纳入中考体育项目，学校每年都会采购一些足球、篮球、排球来满足教学的需求。但有球无"窝"是当前存在的一个问题，有的学校会购买球车、置物架等器材；有的学校将球放在网兜或堆放在地面上，这样不仅占地方，也给器材室的管理维护造成了一定的困扰。因此，设计一种球类放置架是十分必要的。经过实践总结，我们制作了多种球类放置架。下面介绍6种三大球放置架的制作方法，分别为书架式、木柜式、壁挂式、衣架式、圆柱式、轨道式放置架。

（一）书架式放置架

1. 制作准备

3cm×3cm角铁、2cm×2cm扁铁、切割机、锯子、电焊机。

2. 制作方法

以制作一个高185cm、长200cm的书架式放置架为例。

（1）切割材料：将角铁分别切割成长185cm 4根（作两侧支架）、长200cm 14根（作横档）、长25cm 14根（作两边固定横档），将扁铁切割成长25cm 12根。

（2）焊接：将准备好的角铁和扁铁，按设计平面图（图49-1）进行焊接，其中扁铁焊于宽边作挡条，以免球从两边滚落，焊接4层，每层高度约30cm。

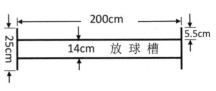

图 49-1

（3）去除毛刺：将角铁、扁铁的切口和焊点上的毛刺打磨平整，以免划伤人员。

3. 使用方法

将书架式放置架放置于平坦地面，将球按顺序放入即可。（图49-2）

图 49-2

4. 注意事项

（1）制作时，可以根据放置不同球类的需要，合理安排层高和放球槽的间距。

（2）制作的放置架不宜过长，否则会出现横档下垂现象，建议间隔约1.5m设置支撑柱，这样既能解决横档下垂现象，又能增加放置架的稳定性。

（二）木柜式放置架

1. 制作准备

木条、木板、铁钉、锤子、锯子、木工刨刀。

2. 制作方法

（1）槽式底：将木条分别锯成长 185cm 4 根、长 200cm 14 根、长 25cm 14 根、长 25cm 12 根。根据设计图示要求，用铁钉将木条组装好。（图 49-3）

图 49-3

（2）平板底：将木条分别锯成长 185cm 4 根、长 200cm 14 根、长 25cm 14 根，将木板锯成长 200cm、宽 25cm 7 块。根据设计图示要求，用铁钉将木条、木板组装好，其中每层木板的四边木条要放在其上面，以避免球体滚动。（图 49-4）

3. 使用方法

将木柜式放置架放置于平坦地面，将球按顺序放入即可。

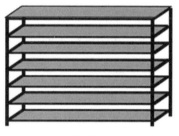

图 49-4

4. 注意事项

（1）木条要选用 4cm×4cm 以上规格。

（2）所用的木料最好用木工刨刀刨平，防止有毛刺。

（3）由于木料较轻，使用时最好是一长边靠墙而立，以保证放置架的稳定性。如果不能靠墙放置，可设计成直角梯形状。（图 49-5）

（4）为增加放置架的美观性，可刷上油漆。

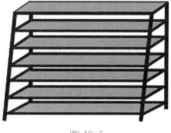

图 49-5

（三）壁挂式放置架

1. 制作准备

直径 3.5cm 的镀锌管、4cm×4cm 角铁、膨胀螺丝、冲击钻、卷尺、记号笔、钢锯、电焊机。

2. 制作方法

壁挂式放置架由 90°三脚支架和横档组成。

（1）三角支架制作：将角铁切割为 75cm 长，将两根角铁焊接成 90°，并在一直角边的角铁上钻两个螺丝孔（固定用）。

（2）角铁安装定位：在适宜安装的墙壁上，用卷尺量好尺寸，并做好标识。

（3）固定三角支撑架：先用冲击钻在标识处打孔，然后往孔洞处打入膨胀螺丝，再将支撑架固定在墙上，用相同方法固定同高度的另一个支撑架，每个支撑架保持适宜间隔。

（4）将镀锌管焊接在固定架上，每两根镀锌管之间距离 15cm，每层 5 根。

3. 使用方法

将球按顺序放入即可。

4. 注意事项

（1）根据室内场地大小可制作若干层放置架，各层高度不低于 35cm。

（2）如果每层放两排球，则用 3 根镀锌管，放三排球则用 5 根镀锌管，管道之间保持 10 ～ 15cm 宽，每层建议放三排球，也可根据不同类型的球设计不同的管道间距。（图 49-6）

图 49-6

（3）安装时可选择一定坡度，如靠墙一侧低，让球自动滚向低处。

（4）镀锌管切口、三脚架等尖锐处可用砂轮打磨平整或用布包裹，以免划伤人员。

（四）衣架式放置架

1. 制作准备

粗细均匀、长约 2m、直径约 5cm 的竹竿 4 根（作支架）；长 2m、直径约 3cm 的竹竿 10 根（作横档）；长分别为 25cm、50cm、80cm，直径约 3cm 的短木棍 3 根（作两边支架上的固定横档）；电钻；细铁丝；绳子。

2. 制作方法

（1）支架制作：将 2 根竹竿顶端打孔用铁丝固定（图 49-7），在竹竿底部约 20cm 处打孔，用铁丝固定长 80cm 的木棍（图 49-8），形成一个三角形支架（图 49-9）。

图 49-7　　　　　　　　　图 49-8　　　　　　　　　图 49-9

（2）固定支架：用相同方法在竹竿上打孔，并固定长 25cm 和长 50cm 的木棍，上下层距离需超过 40cm。（图 49-10）

（3）组合支架：将支架左右分开，上端用一根长杆固定，下端在离地 20cm 处安装第三层，依次向上安装第二层（图 49-11）和第一层。图 49-12 为完整组合。

图 49-10　　　　　　　图 49-11　　　　　　　　图 49-12

3. 使用方法

将衣架式放置架放置于平坦地面，将球依次放置上去即可。（图 49-13）

4. 注意事项

（1）放置架移动时至少两人搬运，严禁拉拽与攀爬。

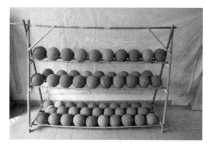

图 49-13

（2）竹竿的固定点应结实、牢固，防止滑动，并经常检查排除隐患。

（3）为增加稳定性，可在支架两端的外侧再加装一根斜杆。

（4）根据需要可以调整每层横杆的数量及宽度。

（五）圆柱式放置架

1. 制作准备

直径大于 60cm 的呼啦圈 5 个、外径 18mm 的 PVC 管 3 根、细绳子、废布料、剪刀、记号笔。

2. 制作方法

以制作直径 60cm、高 75cm，PVC 管为立柱的圆柱式放置架为例。

选取一个呼啦圈，将其长度平均分成三等份并且进行标记，将 PVC 管一端与标记处进行缠绕，之后用同样的方法将其他 4 个呼啦圈与 PVC 管缠绕，每层间隔 10 ~ 15cm。（图 49-14）

图 49-14

3. 使用方法

将圆柱式放置架放置于平坦场地，将球放置进去即可。

4. 注意事项

（1）可以增加立柱数量至 4 ~ 8 条，以增加稳定性。

（2）本设计没有底托，只能存放，若要搬运，可在底部绑上废旧布料、渔网等。

（3）可以根据球的大小调节每个呼啦圈之间的距离。

（4）可以使用镀锌管或不锈钢管作为立柱制作材料，这样制作的放置架更牢固。（图 49-15）

图 49-15

（5）可以直接用铁丝编成圆筐。（图49-16）

（六）轨道式放置架

1. 制作准备

3cm×3cm角铁、电焊工具。

2. 制作方法

（1）框架制作：截取4根长1.9m的角铁、2根长30cm的角铁，先焊接底座，焊接好之后取10根长1.5m的角铁按"Z"字形进行焊接，其中上下两层大落差为40cm，小落差为25cm。

图49-16

（2）制作球容器：截取8根长27cm的角铁，先选取4根制作成一个正方形，然后在正方形4个内角处，分别焊上4根角铁作为架高，使用相同方法制作4个球容器，完成之后，焊接在低斜面处。（图49-17）

3. 使用方法

将轨道式放置架放置于平坦场地，将球放置于最高处等待球自动移动。

图49-17

4. 注意事项

（1）上层轨道低端和下层轨道高端之间的距离应不小于一个存放球的直径再加2cm。

（2）轨道两端高低落差为10～15cm。

（3）放置架的高度以高年级学生能轻松将球放置于顶层轨道为宜，建议高度为2m左右。

五十、投掷类体育器材放置架

当前，学校常用的投掷类体育器材以实心球、铅球、铁饼、标枪为主。由于没有专用的放置架，有的学校就把这些器材直接放在地上，有的放在木箱、塑料筐等箱体中，有的放在置物架上，这些都不利于投掷类体育器材的保管和使用。放在地上容易造成投掷类体育器材受潮引起生锈腐蚀，用于放置的木箱或塑料筐等箱体经过一段时间的存放，也会变形或损坏；置物架也会因器材自身过重而变形。同时，置物架一般为平面结构，不利于投掷类体育器材的存放，容易产生不安全因素，最为重要的是不利于投掷类体育器材的管理与使用。而我们设计制作的投掷类体育器材放置架，将投掷类体育器材巧妙地整合在一起，解决了投掷类体育器材长期"无窝可居"的问题，深受广大师生称赞。（图50-1）

图50-1

（一）制作准备

3cm×3cm角铁、2cm×2cm扁铁、木条、U形管卡、锯子、电钻（1cm钻头）、螺丝、锯子、螺丝刀、电焊机。

（二）设计方案

根据投掷类体育器材的体积和重量，以及放置架的稳固性，本放置架设置为上层、中间层和下层，分别放置实心球、铁饼和铅球，放置架两侧放标枪。

投掷类体育器材放置架由铅球放置层、铁饼放置层、实心球放置层、标枪放置架和支架组成。其中，在放置架每层两端都设有挡板，用来防止体育器材掉落。投掷类体育器材放置架宽度为 120 ~ 150cm，高度为 175 ~ 185cm，深度为 30 ~ 35cm，铁饼层高度约为 26cm，其他各层高度约为 21cm。（图 50-2）

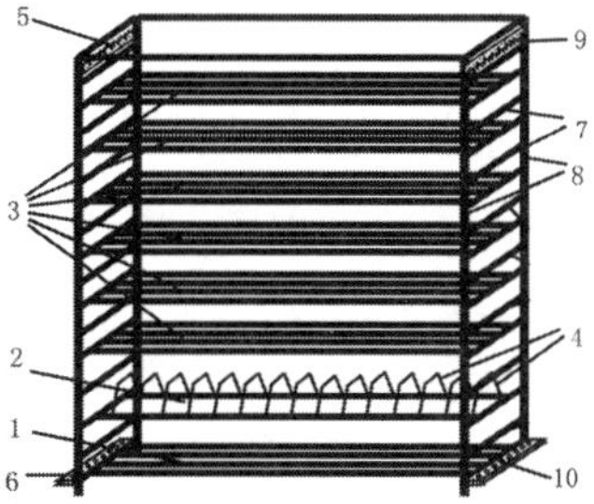

1- 铅球放置层
2- 铁饼放置层
3- 实心球放置层
4- 副支架
5- 标枪放置架
6- 标枪放置架
7- 挡板
8- 支架
9- 卡座
10- 底座

图 50-2

（三）制作方法

（1）铅球放置层：由支架、隔离槽和放置槽组成，隔离槽和放置槽宽度为 7 ~ 8cm。（图 50-3）

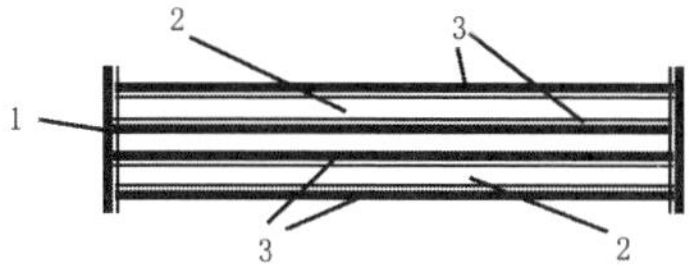

1- 支架
2- 放置槽
3- 隔离槽

图 50-3

（2）铁饼放置层：由主支架和副支架组成（图 50-4）。主支架间距为 11 ~ 15cm，副支架间距为 5 ~ 8cm。其中，副支架结构（图 50-5）呈梯形，上底宽 5 ~ 10cm、下底宽 11 ~ 15cm（与支架间距相同）、高 8 ~ 15cm。

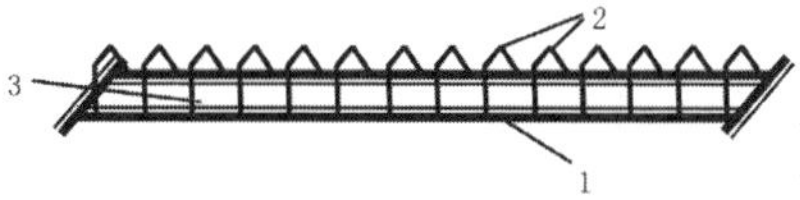

1- 主支架
2- 副支架
3- 铁饼放置层

图 50-4

（3）实心球放置层：由支架、隔离槽和放置槽组成，形状与铅球放置层相似，隔离槽宽度 6 ~ 8cm，放置槽宽度 8 ~ 10cm。

图 50-5

（4）标枪放置架：由卡座（图 50-6）和底座（图 50-7）组成。其中，卡座由底板和 U 形管卡组成，卡座固定在放置架两侧上方，距离地面 170 ~ 180cm；底座由底板和插孔组成，插孔用于放置标枪头，底座固定在放置架两侧下方，距离地面 0 ~ 10cm。

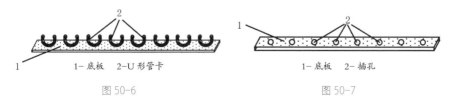

1- 底板　2-U 形管卡

图 50-6

1- 底板　2- 插孔

图 50-7

（四）使用方法

将实心球、铅球、铁饼、标枪等投掷器材，按顺序放入相应的放置架即可。（图50-8、图50-9）

图 50-8　　　　　　　图 50-9

（五）注意事项

（1）放置架整体用电焊焊接而成。

（2）管卡要选用软式材料，卡口两侧内有凸沿（图50-10），这样便于取放和固定；管卡也可以用魔术贴来代替（图50-11），这样不会磨损器材的油漆，但每次取放时要拉扣粘贴带。

（3）为了增加整个放置架的稳定性，可在放置架背面安装固定板，让直角形成三角形。

（4）为了放置架整体的稳固性，尽量选用优质加厚角铁。

（5）除铁饼放置层外，其他各层也可放置哑铃。

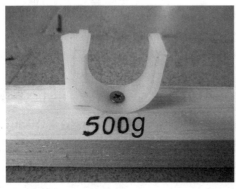

图 50-10　　　　　　　图 50-11

五十一、标枪放置架

当前，基层中小学校普遍使用竹制和铝合金材质的标枪。由于标枪长度长、重量轻、枪头尖利，如果平放在地面或架子上容易对人造成伤害，如果立靠于墙体容易造成枪头磨损和倾倒，既不便于取放，也不美观。特别是素有"贵重物品"之称的铝合金标枪，更需要一个安全、美观、取放方便的专用放置架。因此，我们自制了简易式、框架式和立壁式三种标枪放置架。自制的标枪放置架具有取材方便、制作简单、使用便捷的特点。学校可以结合实际情况，选择适宜种类自己制作。

（一）简易式标枪放置架

1. 制作准备

羽毛球筒（带封盖）若干、沙子、胶带。

2. 制作方法

将羽毛球筒的一端盖上封盖（最好选用平面盖），并用胶带缠绕封住，同样方法共做 7 个，然后将 7 个羽毛球筒用胶带捆成梅花形（开口端朝上），最后往球筒内装入约 2/3 的沙子，增加其稳定性的同时也便于标枪插入，这样一个简易式标枪放置架就制作完成了。（图 51-1）

3. 使用方法

一个球筒可以插入 600g 及以下的标枪 3 支，700g 及以上的标枪 2 支，上述一个标枪放置架可以放置 14 ~ 21 支标枪。

4. 注意事项

（1）装在球筒内的沙子最好选用稍粗的河沙、黄沙（自然沙），以便于插取。海沙因海水中含有盐分，极易腐蚀金属，不建议使用。另外，沙子要干燥，防止潮湿而使枪头生锈。

（2）可自行增加羽毛球筒数量，以满足放置需要；也可结合器材室的空间布局，将球筒设置成正方形、梯形、半圆、三角形等形状。

图 51-1

（3）球筒内的沙子既能增加放置架的重量，防止器材翻倒，又能摩擦枪头，使标枪历久弥新。

（二）框架式标枪放置架

框架式标枪放置架由插板、底座和支架三部分组成。下面以制作一个可放置 20 支标枪的框架式标枪放置架为例。

1. 制作准备

木板、锯子、电钻（配有直径 2.5cm 和 1cm 钻头）、尺子、铅笔、铁钉、铁锤。

2. 制作方法

（1）插板：取一块 1cm 厚的木板，截成 88cm×12cm 的长方形。然后长边以 8cm 等分为 11 段，距离两长边外沿 3cm 处各画一条与边平行的线（图 51-2）。最后用直径 2.5cm 钻头的电钻分别在 20 个交叉点上打孔，形成插枪孔（图 51-3）。

图 51-2

图 51-3

（2）底座：取一块厚约 3cm 的木板，截成 82cm×16cm 的长方形。同样将长边分成 11 段，其中两端宽为 5cm，中间 9 段为 8cm。距离两长边外沿 5cm 处各画一条与边平行的线。最后用直径 1cm 钻头的电钻分别在 20 个交叉点上钻孔，形成定位孔。

（3）支架：将厚度为 3cm 的木条，截取 2 根 60cm 长。

（4）组合：用钉子先将支架立放钉在底座两侧，然后将插板固定在支架上面。需要注意的是，两者连接固定时，均要居中处理。（图 51-4）

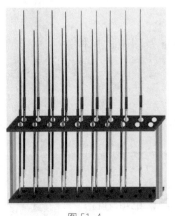

图 51-4

3. 使用方法

将标枪头从插枪孔插入，放入正下方的定位孔即可。（图 51-5）

4. 注意事项

（1）插板上插孔与底座上插孔的中心点要一一对应，否则标枪头不能正位落入底座的插孔内，导致标枪不能垂直放置。

图 51-5

（2）底座的木板厚度尽量在 2 ~ 3cm，钻孔时，最好不要钻透。

（3）可在底座两侧的下面增加 5 ~ 10cm 高的脚座，让底座悬空起来，这时底座的插孔要钻透，让枪头露出部分。

（4）制作放置架时，可自行调整插孔之间的距离，一般插板中相连的 2 个插孔的中心距离以不少于 6cm 为宜，以便于取放；也可增加放置架的尺寸，以放置更多的标枪。

（5）为了增加放置架的稳定性，底座木板的宽度最好在 30cm 以上。

（6）为了增加放置架的牢固度和美观度，可在支架脚两侧增加副支架，并刷上油漆。

（三）立壁式标枪放置架

立壁式标枪放置架由壁板和底座两部分组成。下面以制作一个可放置 12 支标枪的立壁式标枪放置架为例。

1. 制作准备

木条、U 形管卡、锯子、电钻（1cm 钻头）、螺丝、螺丝刀。

2. 制作方法

（1）壁板：取 1 根 2cm×3cm 的木条，截成 1m。然后在宽 3cm 的平面上先画一条中心线，接着将 1m 长的木条分成 13 段，其中两端宽为 6cm，中间 11 段

为 8cm，形成 12 个交叉点。（图 51-6）

（2）底座：取 1 根 3cm×6cm 的木条，截成 1m，以壁板同样的方式画成 12 个交叉点，最后用直径 1cm 钻头的电钻分别在 12 个交叉点上钻孔。（图 51-7）

图 51-6

图 51-7

（3）组合：将 U 形管卡的钢钉拔掉，用钢钉在管卡内底部钉出个小洞（固定螺丝用），然后用螺丝将 U 形管卡一一固定在壁板的交叉点上。（图 51-8）

（4）修饰：U 形管卡的大小决定放置标枪的大小，为了准确、快速地放置标枪，在壁板 U 形管卡下方（图 51-8）和底座插孔的板面上注明放置相应规格的标枪重量（图 51-9），如 500g、600g、700g、800g，或简化为 5、6、7、8。也可给壁板和底座刷上油漆，以增加美观性。

图 51-8

图 51-9

3. 使用方法

将组合好的壁板水平固定在离地面 170cm 高的墙壁上，把底座放在壁板正下面的墙角处，注意壁板上的 U 形管卡与底座插孔要上下对应。放置时，先将标枪头放入底座的插孔（图 51-9），然后将枪身推进 U 形管卡即可（图 51-10），图 51-11 为完整图。取用时，手握枪身向外拉，让枪身脱离 U 形管卡，顺势取出。

4. 注意事项

（1）U 形管卡要选用软式，卡口两侧内有凸沿，这样便于取放和固定。

（2）500g、600g、700g、800g 的铝合金标枪的 U 形管卡分别选用 12mm、16mm、20mm、25mm 为宜。

图 51-10 　　　　　图 51-11

（3）可以减少相连2个枪位的距离，以增加放置标枪数，但一般中心距离以不少于4cm为宜。

（4）经常取放容易使U形管卡口内侧凸沿磨掉枪身的油漆，可在U形管卡内侧粘贴橡皮膏来加以保护。

图51-12

（5）U形管卡也可以用魔术贴来代替，这样不会磨损枪身的油漆，但每次取放时要拉扣粘贴带（图51-12）。

（6）可以将放置架安装在柜子后面或侧面。

五十二、上放下取式球车

在上球类课时，教师一般会将球放入球车再推到教学场地供学生练习，但是取球口设计在球车的上方，特别是在取球车底部的球时，总有一些年龄小、个子矮的学生取不到球，在课后回收球时也不便于清点。结合实际，我们设计制作了一种方便拿取、便于清查的上放下取式球车，既能服务学生，也能服务教师。下面以制作一个长、宽、高分别为123cm、70cm、78cm的球车（能放置45个5号篮球）为例，阐述上放下取式球车的制作方法（图52-1），以上尺寸均为从外量取（不含脚轮高度）。

图52-1

（一）制作准备

4cm×4cm角铁（作底座）、1cm×2cm方管（作横栏）、2cm×2cm方管（作立柱及边框）、直径5mm的镀锌管（作握把）、3寸万向轮、4cm铁合页、铁插销、螺母、强力磁铁、电焊机、切割机、电钻、卷尺、记号笔、砂轮。

（二）设计原理

采用框架设计，让球取放有序，一目了然。底部放球槽采用一高一低的设计，形成一条斜坡，利用落差让球自动滚向低处的取球口，让每一名学生都能取到球。

（三）制作方法

（1）截取：将所需的角铁、方管根据设计的尺寸进行切割。

（2）焊接：

① 球车框架：先用4块角铁焊接底座，用4根2cm×2cm方管焊接立柱，再用4根2cm×2cm方管与4根立柱上端焊接形成球车上面边框，然后用1cm×2cm方管焊接球车四周横栏（取球框一侧暂时不要焊接横栏，留作取球门用）。

② 斜面球槽：用1根长120cm的方管横焊在取球门对面（高于角铁底约10cm）作抬高杆（为球槽的高度差做准备），然后将2根1cm×2cm方管两端分别焊在抬高杆和对面的角铁上（间隔约5.5cm），形成一条斜面放球槽。同样，保持好左右间距，再焊4道相同的斜面放球槽。

③ 球槽之间隔离栏：用1cm×2cm方管在球车里面焊上4道隔离栏，让球车整体形成5个放球槽。

④ 封闭取球门上端面：用1cm×2cm方管在球车的取球门一侧上面焊接高25cm、长123cm的横栏。

⑤ 取球门：用方管焊一个长123cm、高46cm的框架（中间焊有横栏），然后将合页焊接在球车取球门一侧的封闭面下方方管处。

⑥ 球车盖：用方管焊一个长123cm、宽70cm的框架（中间焊有横栏）作为球车上方盖子，然后将合页焊接牢固。（图52-2）

⑦ 脚轮：将 4 只 3 寸万向轮分别焊在底座 4 个角的角铁下面。（图 52-3）

⑧ 握把：在球车 2 个宽边的上框边分别焊接一处握手。

⑨ 固定强力磁铁：取球门向上打开后的上沿与球车方管接触处做记号，然后将强力磁铁固定在方管上。（图 52-4）

图 52-2 　　　　　　　　　图 52-3 　　　　　　　　　图 52-4

⑩ 固定插销：将插销与插孔（螺母）对正分别焊在取球门和下方的角铁上。（图 52-5）

（3）打磨：将所有切割处与焊接点用砂轮打磨平滑，以免划伤人员。

图 52-5

（四）使用方法

放球时，将球车上面盖子打开，然后往 5 个放球槽放入篮球，每个放球槽可以放置 9 个球，放置完毕后关门即可（图 52-6）。取球时，先将取球门向上翻开，取球门吸附在强力磁铁上，然后从取球门任意取球即可（图 52-7）。

图 52-6 　　　　　　　　　　　　　图 52-7

（五）注意事项

（1）取球时，可以打开上面盖子和下面取球门，从两处同时取球，取球门安排小个子学生取球。

（2）用作横栏杆的方管间距为 8 ～ 10cm。

（3）本球车按照存放 5 号篮球进行设计，也可以放置标准排球与足球，若要放置 7 号篮球，相应调整球车的尺寸即可。

（4）可以用加长挂锁分别锁住球车盖和取球门，这样更便于管理。

（5）为了防止生锈与增加美观度，可以用防锈漆或者银粉漆进行涂刷保护。

五十三、便捷式器材房

器材房（或称器材室）是每所学校的必备设施，是保障体育教学、课外体育活动和体育训练的基础。学校一般以固定房间作为器材房，这使得传统器材房存在占地面积大、无法移动，以及在教学和课外活动时搬运器材不便等缺点。便捷式器材房的出现，让原来的器材房化整为零，让器材房真正走进学校"基层"，更好地服务于学校体育工作。

（一）制作准备

高密度聚乙烯板材（又称 HDPE）、膨胀螺丝、螺丝刀、卷帘门。

（二）制作方法

（1）设计：根据存放器材的类型，在图纸上设计合适的器材房，列出需要的材料尺寸。

（2）切割组装：将高密度聚乙烯板材按照设计要求，切割成需要的大小样式，并进行组装，组装完成后安装卷帘门。

（3）地面安装加固：将组装好的便携式器材房用膨胀螺丝将底部与地面进行连接加固。（图53-1）

图53-1

（三）使用方法

（1）便捷式器材房建造完成后，可以根据教学内容或课间活动项目以及课外扩展活动项目，选择贯通货架式设计，安排多层放置架（图53-2、图53-3）。

（2）便携式器材房内可以不安装任何货架，保持空置状态，用来存放球车（图53-4）或器材收纳车。

图53-2　　　　　　　　图53-3　　　　　　　　图53-4

（四）注意事项

（1）根据学校的实际需求，可以选用砖、铝合金、彩钢板、水泥板等材料来代替高密度聚乙烯板材。

（2）为了使器材房更加美观，可以将器材房涂上颜色，写上校训、锻炼口号等。

（3）便捷式器材房可以根据学校的自身情况，合理选址，一般采用就近安装法，便于体育器材的搬运与使用。

五十四、跳箱移动架

跳箱是支撑跳跃练习的器械之一。支撑跳跃是学生需要掌握的一项运动技能。在跳箱教学时，师生一般采用多人整体抬运，或层层拆卸、多人搬运的方式，以上方法不仅费时费力，还存在一定的安全隐患。为此，我们介绍一种方便搬运跳箱的移动架，该器材具有取材方便、制作简单、使用快捷的特点，相信会成为体育教师搬运跳箱的必备工具。

（一）制作准备

40cm 长的 2cm×2cm 方管、1.5 寸万向轮、4cm×5cm 铁片（厚约 3mm）、电焊机。

（二）制作方法

跳箱移动架由轮子、支架和卡槽三部分组成。搬运每只跳箱时需要 1 对（2 只）跳箱移动架。下面简要介绍制作跳箱移动架的方法。

图 54-1

先将 2 个万向轮分别焊在方管两端，然后将 2 个铁片（作卡槽）制作成 U 形焊接在离方管一端约 4cm 处（图 54-1），同样把另 2 个铁片焊接在方管另一端（图 54-2）。最后，将方管上的切口、焊点的毛刺和铁片上的棱角打磨平整，避免划伤。

图 54-2

（三）使用方法

在跳箱教学时，先将 2 只跳箱移动架分别卡入跳箱宽边最底层的木板下面，在平地中推行到目的地后，将跳箱移动架取下即可。（图 54-3）

图 54-3

（四）注意事项

（1）为了美观和防锈，可以在跳箱移动架表面刷上银色防锈漆。（图54-4）

图54-4

（2）在焊接U形卡槽时，2个铁片的间距要微大于跳箱木板的厚度（制作前要测量学校跳箱木板的厚度），开口端要比底部略宽，这样在搬运跳箱时，便于将跳箱底板放入卡槽和卸下。

（3）在使用时，最好两人合作，一人将跳箱一侧抬离地面少许高度，另一人将移动架卡入箱底，另一侧方法相同。

五十五、跳高横杆放置器

跳高是田径运动的田赛项目之一，所需的跳高架和横杆是学校的必备体育器材。由于跳高横杆没有专用的放置器，加上横杆长4m及器材室空间有限，一般学校只能将横杆斜靠在墙角、平放在地上或放在置物架上，这样既不美观又影响其他体育器材的收纳。用铁板和圆钢筋制作的跳高横杆放置器，很好地解决了横杆"无窝可居"的问题，让横杆有了自己的"家"，并且充分利用器材室的潜在空间，让器材室管理变得更加规范、有序。

（一）制作准备

厚约3mm的铁板、直径约10mm的圆钢筋、直径16～20mm的膨胀螺丝、电钻、电焊机、冲击钻、扳手。

（二）制作方法

两个挂钩组成一副跳高横杆放置器。

（1）截取：取长约 15cm、宽约 5cm 的铁板作支板，取长约 30cm 的圆钢筋作挂钩。

（2）打孔：用电钻在支板上打两个间距约 6cm、直径约 2cm 的圆孔，用于固定膨胀螺丝，也可直接用电焊机挖洞。

（3）弯钩：将截取的圆钢筋弯成 U 形，为了便于焊接与使用，一端略高于另一端。

（4）组合：将 U 形钩的低端焊接在支板上两个孔位的下方（U 形钩平面与支板垂直）。

（三）使用方法

（1）选址：根据器材室的布局和结构，尽量选用边角地带的空间进行安装。

（2）打孔：用冲击钻在选好的位置上打孔。

（3）固定：将焊接组合好的挂钩用膨胀螺丝固定。（图 55-1）

（4）放置：将跳高横杆横放在挂钩上即可。（图 55-2、图 55-3）

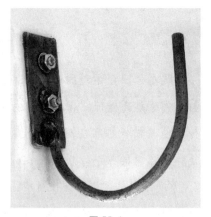

图 55-1

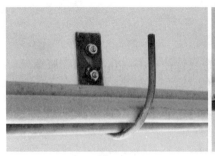

图 55-2

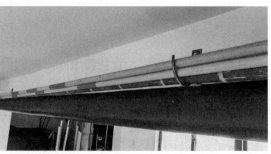

图 55-3

（四）注意事项

（1）由于跳高横杆有一定的重量，建议挂钩安装在实体墙上。

（2）安装时，2个挂钩间距为2～3m，且2个挂钩要在同一高度。

（3）跳高横杆放置器除可放置跳高横杆外，还可放置竹竿、标枪、体操棒等长柱状器材。

（4）根据不同器材的放置需要，可自主调整挂钩的大小、数量和间距。

第四部分　旱地冰雪类

五十六、旱地冰壶

　　冰壶，又称掷冰壶、冰上溜石，是冬奥会的比赛项目。由于冰壶造价昂贵，冰道维护及使用成本过高，至少需要百万元的投入，且冰壶运动的参与人数也受限制，因此冰壶在一般的普通学校很难开展。为此，我们用生活中的日用品制作了旱地冰壶，自制的旱地冰壶具有取材方便、制作简单的特点，且能够让更多学生了解、参与冰壶运动，知晓冰壶运动规则。

（一）轮胎式旱地冰壶

　　1. 制作准备

　　直径 20～25cm 的实心轮胎、一寸万向轮、螺丝、十字螺丝刀、尺子、记号笔。

　　2. 制作方法

　　（1）定位：用尺子和记号笔在实心轮胎上画上十字对角线。

　　（2）组合：将 1 个万向轮放在实心轮胎上面的标识处，然后使用十字螺丝刀用螺丝将万向轮固定在实心轮胎上，用同样的方法将剩余 3 个万向轮安装固定。（图 56-1）

　　3. 使用方法

　　在田径场跑道或平滑地面上直接推动轮胎式旱地冰壶，冰壶即可沿着预设的路线（一般设置 2～3m）前进。（图 56-2）

图 56-1

图 56-2

4. 注意事项

（1）固定万向轮时，4 个轮子尽量成十字对称，且受力均匀。

（2）普通万向轮的滑动能力相对较弱，建议采用工业型滚珠万向轮。（图56-3）

图 56-3

（二）泡沫式旱地冰壶

1. 制作准备

厚度 5 ~ 10cm 的泡沫板、胶纸、彩色胶带、美工刀。

2. 制作方法

（1）切割：将泡沫板切割成直径约 25cm 的圆片。

（2）包裹：用胶纸把泡沫板外表全部粘贴住，再用两种彩色胶带缠裹以示区别，同时胶带还有减小摩擦力的作用。（图56-4）

3. 使用方法

（1）在光滑的瓷砖上直接推动泡沫式旱地冰壶，距离设置 2 ~ 3m。（图56-5）

（2）冰壶体验比赛：两队参与，先猜拳决定胜负，负者先发球，胜者后

图 56-4

图 56-5

发球，每人轮换发 2 只，然后换下一名队员。每轮比赛每队有 8 只相同颜色的冰壶。在学校中可以一人一壶，以便让更多的学生能够参与进来。

4. 注意事项

（1）泡沫式旱地冰壶滑动能力相对较弱，选择的瓷砖应尽量光滑。

（2）可以采用直径和重量大一些的钢珠球直接作为旱地冰壶来使用，效果类似。

五十七、旱地冰球

冰球运动起源于 19 世纪的加拿大，游戏者脚底绑着冰刀，手持曲棍，在结冰的湖面上追逐打击用圆木制成的冰球。20 世纪初，冰球运动传入欧洲，受到许多欧洲人的喜爱，之后遍及全世界，50 年代初冰球运动传入我国。受场地、经费等条件的限制，冰球运动在一般学校很难开展。为此，我们用塑料管和泡沫板等材料制作了简易安全的冰球杆和旱地冰球，让学生乐享冰球运动。

（一）制作准备

EPE 珍珠棉泡沫板（厚度分别为 0.5 ~ 1cm 和 5 ~ 10cm）、PPR 塑料管或竹竿、胶带、锯子、美工刀、剪刀、尺子、记号笔、打火机、蜡烛。

（二）制作方法

1. 球杆制作

（1）手柄：将 PPR 塑料管或竹竿用锯子截成 1.2m 长，并在一端 10 ~ 15cm 处加热，做成约 45° 的弯曲状。（图 57-1）

（2）球杆头：将厚度 0.5 ~ 1cm 的 EPE 珍珠棉泡沫板裁剪成长 50cm、宽 10cm 左右，

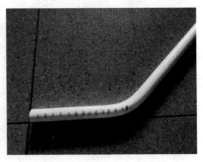

图 57-1

作为球杆头备用。（图57-2）

（3）组装：将裁剪好的EPE珍珠棉泡沫板缠绕在手柄弯头处，然后用胶带将球杆头与杆体缠紧固定。（图57-3）

2. 冰球制作

将厚度5～10cm的EPE珍珠棉泡沫板切割成直径10～20cm的圆块，然后缠绕胶带（滑行阻力小），一套冰球就自制完成。（图57-4）

图57-2

（三）使用方法

用小足球门代替冰球门，可以尝试定点射门，也可以采用正式冰球规则，带球射门，其互动性、娱乐性、观赏性更高。

图57-3

（四）注意事项

（1）冰球杆头用胶带缠紧，尽量保持顺滑。

（2）球杆的握手端口处用胶带包裹或者打磨光滑，防止使用过程中刮伤自己或他人。

（3）为了使制作的球杆精巧、美观，可在球杆外面缠绕各种颜色的胶带。

图57-4

（4）可以用拖把杆直接斜插入厚度5～10cm的EPE珍珠棉泡沫板中，然后用胶带缠绕牢固，就做成了一个简易冰球杆。（图57-5）

（5）可以根据初学者的水平，适当增大球杆头和冰球体积，增加击球面积，降低难度，提高学生的练习兴趣。

图57-5

五十八、旱地滑雪车

滑雪运动在我国北方开展较多，南方因为气候等原因，受众较少。因此，我们可以利用生活物品自制旱地滑雪车，使原本在冰上、雪上开展的运动在校园平地上就能模仿出来，让冰雪运动不再遥不可及，让学生在校园也能体验"滑雪"的乐趣。

（一）制作准备

带万向轮的座椅、体操棒、标志杆或纸箱板（模拟滑雪板）。

（二）制作方法

（1）驾驶座：将万向轮座椅高度降到最低。

（2）方向盘：将体操棒用作滑雪杖。

（3）车身：标志杆或纸箱板（2个）分别固定在座椅脚踏的两侧，模拟滑雪板。（图58-1）

图 58-1

（三）使用方法

（1）模拟滑雪：学生坐在万向轮座椅上，两脚分别踩在椅上的脚踏处，两手各持一根体操棒，用力撑地向前滑行。（图58-2）

（2）变向滑行：滑行方法同上，学生依次绕过地面上的标志物滑行。

图 58-2

（3）向后滑动：滑行方法同上，由向前滑行改为向后滑行。

（4）模拟雪车：滑行方法同上，身体俯卧在椅子上，两手向下分别握住保护支架，用两脚蹬地向前滑行。（图58-3）

图 58-3

（四）注意事项

（1）建议在学校的平滑运动场地上进行。

（2）模拟滑雪车主要是体验简单的滑雪和雪车操控，不建议以速度论输赢，更多的是强调方法正确、动作规范、姿势优美，以参与感受体验为主。

五十九、桌上迷你冰球

冰球运动是一种在冰面上进行的集体对抗运动，属于观赏性、对抗性很强的冰上球类运动项目，但在我国广大中小学校常规体育教学中难以开展。因此，我们利用瓶盖、筷子和冰棍棒制作了适合中小学生使用的桌上迷你冰球（图59-1），让学生在安全的前提下了解冰球运动，享受冰雪运动带来的快乐。

图 59-1

（一）制作准备

一次性筷子、塑料瓶盖、冰棍棒（木片）、胶带、蜡烛或酒精灯、锯子、美工刀、剪刀、钳子。

（二）制作方法

1. 桌上迷你冰球杆

（1）手柄制作：将一次性筷子的宽头作为冰球杆的手柄，将细头用来连接冰球杆头，用锯子对着筷子细头中间沿纵向锯开约 1cm 斜切口（图 59-2）。用剪刀或美工刀将冰棍棒（木片）切割成长度为 5cm 左右的球杆拍头（图 59-3）。

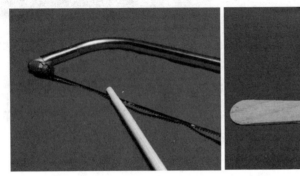
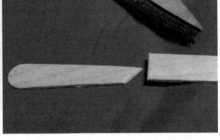

图 59-2　　　　　　　　　　　图 59-3

（2）组装：将修剪好的冰棍棒（木片）插入筷子锯口，随后用胶带缠绕固定。

（3）拓展：冰球球杆拍头分向左、向右弯曲两种，视线方向向右弯曲称为左手杆，向左弯曲称为右手杆。为更好地感受这种弯曲弧度效果，可将拍头放入水中浸泡少许，用蜡烛或酒精灯熏烤拍头冰棍棒（木片）（图 59-4），并用钳子夹住加压弯曲，然后冷却定型，就会得到一支形神兼备的迷你冰球杆（图 59-5）。

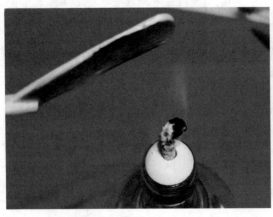
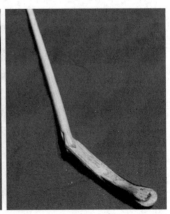

图 59-4　　　　　　　　　　　图 59-5

2.冰球

用塑料瓶盖代替冰球。

（三）使用方法

（1）用于桌面迷你冰球赛，根据冰球规则进行。

（2）冰球射门：在课桌一端设置小型球门（将纸盒或牛奶盒一面挖空，用胶带粘在桌面上），通过控制冰球杆击打冰球让冰球进入球门。

（四）注意事项

（1）筷子、冰棍棒材料若有棱角毛刺，需打磨光滑，以免划伤人。

（2）为了让制作的球杆精巧、美观，可在球杆上缠绕各种颜色的胶带。

第五部分　软式器材类

六十、软式飞盘

飞盘运动是有益身心的运动，趣味性强，而且技术简单易掌握。长期练习飞盘不仅能有效发展力量、速度、灵敏性、协调性等身体素质，还能培养团队协作能力。目前，市场上销售的飞盘一般采用硬质塑胶加工而成，在使用过程中可能会出现安全问题。为此，我们用生活物品制作了一款软式飞盘（图60-1），其具有取材方便、制作简单、小巧轻便、安全无忧的特点，使用效果与网购飞盘相似，适宜幼小初高四个学段的学生使用。

图 60-1

（一）制作准备

直径约1cm的软质塑料管或废弃高压锅密封胶圈、废弃广告布、针线或缝纫机、剪刀、尺子、木圆规、胶布。

（二）制作方法

软式飞盘由圆环和封布组成，制作方法分为直缝法和穿引法两种。下面以制作一个直径为22cm的软式飞盘为例，说明制作方法。

1. 直缝法

（1）圆环制作。

① 裁管：用尺子量出72cm长的塑料管，用剪刀剪断。

② 开边：用剪刀将剪好的塑料管一端由外向内剪出约4cm的口子。（图60-2）

图 60-2

③ 套接：将开口的管子部分卷实卷紧后，插入另一端没开口的管口内，插进约3cm（图60-3），然后用胶布在接头处缠绕，保证接头平滑牢固。这样，就完成了飞盘圆环的制作。（图60-4）

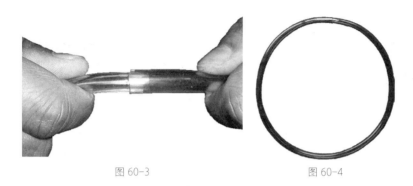

图 60-3　　　　　　　　图 60-4

说明：取72cm长的塑料管，所围成的圆环外径约为22cm。制作时，可以根据自己所需的飞盘直径来调整塑料管的长度。如果用废弃的高压锅密封圈作飞盘的圆环，可直接进入封布程序。

（2）封布制作。

① 测量：用尺子把木圆规两脚定为11cm，也就是圆环的半径。

② 画圆：将广告布打开平放在桌面上，取一圆心；然后用木圆规画出与圆环直径等长的圆；接着，取同一圆心，以15cm为半径再画一个圆。（图60-5）

说明：广告布上所画的内圆是缝合时的依托边线，防止缝合时出现滑边、走样，进而影响缝合效果；布上所画的外圆是为了留有缝合位置，同时，便于裁剪的整齐度。

③ 剪圆：用剪刀沿着2个同心圆的外圆线剪开，便成了用于制作飞盘的封布。（图60-6）

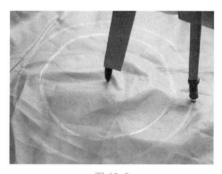

图 60-5

图 60-6

（3）缝合：将圆环放于剪好的封布上，圆环的外沿与封布上的内圆对齐，然后一边把封布的外沿向内翻盖，裹住圆环，一边用缝纫机贴于圆环内沿缝合，直到缝合一圈，让封布完全裹住圆环。为了增加牢固性，可再缝合一两圈。（图60-7、图60-8）

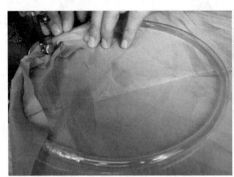

图60-7　　　　　　　　　　　　　　　　图60-8

说明：缝合时，因为圆环外、内面的布料弧长不相等，不能实现平整缝合，所以每隔3～4cm要收一条褶皱，以解决内外布料长度不相等带来的差异。

（4）除边：缝合处的外露布料若过多，要进行裁剪，以免影响飞盘飞行效果。

2. 穿引法

先将圆形封布的外沿向内翻，用缝纫机缝合，让缝合的封布形成一条约1cm的空心管道，直到缝合一圈还差3～5cm为止。然后将剪好的塑料管一端从预留的3～5cm口子处插进，穿过管道后再穿出，连接好塑料管。最后将连接处的开口封布缝合即可。

说明：

（1）为了增强牢固性，可再缝合一两圈。

（2）为了防止外沿线头溜散，在缝合时，建议将外沿向下折，然后将外沿直接包缝在里面。

（3）缝合时，因为圆环外、内面的布料弧长不相等，不能实现平整缝合，所以每隔3～4cm要收一条褶皱，以解决内外布料长度不相等带来的差异。

（三）使用方法

1. 投掷飞盘的要领

（1）飞盘的握法：拇指平贴于盘缘（圆环）上面，其余四指自然弯曲紧靠于盘缘下面。（图60-9）

（2）准备姿势：分正面和侧面两种，以右手持盘为例。

图 60-9

① 正面：面对目标，两脚左右开立，右脚稍向前，眼睛注视目标。

② 侧面：侧对目标，两脚前后开立，眼睛注视目标。

（3）出手动作：右手持盘，两脚自然开立，身心放松，眼睛注视目标。投掷时，持盘手由后向前直线助摆，出手时拇指指向目标，在飞盘离手的瞬间要用腕力将飞盘掷出，使飞盘快速旋转以增加滞空力，同时，手臂顺势前送后收回。

图 60-10

图 60-11

图 60-12

（4）动作要领：挥臂抖腕，顺势离手。

2. 基本的接盘方法

（1）上手接：采用拇指在下，其余四指在上的接法。该方法适用于接高度超过胸部的来盘。（图60-10）

（2）下手接：采用拇指在上，其余四指在下的接法。该方法适用于接高度低于胸部的来盘。（图60-11）

（3）双手夹接：采用一手在上、一手在下的接法。该方法适用于接速度较快或高度在胸和头之间的来盘。（图60-12）

3. 软式飞盘的玩法

（1）玩盘：原地做各种抛接练习，如上抛下接、前抛后接、后抛前接等。

（2）两人一盘：学生两人一组，面对面站立，相距一定距离，进行一掷一接的练习。这种方法适宜安排在飞盘教学的初始阶段，让学生熟悉飞盘的各种抛接技术和运动特点。

（3）两人两盘：学生两人一组，一人一盘，进行对抛、对接的练习。

建议：在此基础上，根据学生飞盘投掷技术的熟练程度安排多人多盘练习，如三人三盘（三人同时出手，甲传乙，乙传丙，丙传甲）、四人四盘等。

（4）飞去飞来：顾名思义就是飞出去以后会飞回来。一般要求迎风以50°～70°投掷飞出，飞盘升至最高点后，就会飞回原地。

建议：在地上画一个直径为1～3m的圆圈，学生站在圆内，单手将一飞盘向空中掷出，人不得离开圆圈，再将飞回来的飞盘接住，飞盘在空中飞行时间最久者胜出（也就是飞盘离手到飞回后接住的这段时间）。

（5）掷准：发展飞盘投掷的准确度和控制飞盘的能力。

① 穿越圆圈：在离地面一定高度上放置或悬挂圆圈，在离圆圈适宜距离处画一条投掷线，学生站于投掷线外进行投掷，最后穿过圆圈的飞盘数量多者胜出。

② 打靶：在桌椅或地面上放置塑料瓶等物体作为目标靶，学生站在一定距离外用飞盘击打目标靶，击倒或击中数量多者胜出。

建议：可以用跳高架、排球网柱、篮球架作为目标靶。

③ 保龄球：以塑料瓶为球瓶，以飞盘为投球。将10个塑料瓶在桌子上按1、2、3、4的顺序排列成正三角形，学生站于离瓶2～5m处用飞盘击打一次，击倒瓶子数量多者胜出。

建议：可以每人多次击打，最后以累计击倒总数判定胜负。

④ 飞碟降落：在平坦场地上画一条直线作为投掷线，在投掷线前2～8m处画一个直径约为40cm的圆圈。投掷时，学生站于投掷线后，连续向圆圈投出5个飞盘，以飞盘完全落于圈内（边缘不触及圆圈边线）为有效降落，最后有效降落次数多者胜出。

建议：有效降落的标准和每人投掷的飞盘数均可酌情调整；目标圈可用半径为20cm、40cm、60cm、80cm、100cm的同心圆组成，由内到外分别表示5、4、3、2、1分值，然后每人掷出5个飞盘，最后以累计有效得分判定胜负。

（6）掷远：利用标枪或铁饼场地，每人投掷 3 个飞盘，投到界外则无效，最后取有效投掷中最远一次成绩，判定胜负。

规则：采用类似投掷规则，允许助跑或助摆动作，但不能越出投掷区（圈），飞盘落在落地区内为有效投掷。

建议：因飞盘在空中飞行时，受风等因素的影响会出现幅度不一的飘移现象，为此将投掷区的扇形角度改为 60°。如将标枪场地掷弧的半径由原来的 8m 缩短为 4m，用 4m 的圆心与起掷弧的两端连接并向外延长，构成飞盘的落地区；铁饼和铅球的落地区就画一条与相应投掷圈半径等长的弦，然后圆心与弦长两端向外延长。

（7）投跑接：在平坦场地上画一个直径约 2m 的投掷圈，学生手持飞盘站于圈内采用低角度出手后，人随即跑向飞盘飞行方向，在飞盘落地前接住，以离开投掷圈最远处接住飞盘者为胜。

建议：出手要慢，但移动要快。

（8）高尔夫球：以手当球杆，以飞盘当球。先利用校园的地形、地物、地貌模拟高尔夫球场地，合理设置 18 个洞，每洞距离 20～120m 不等，球洞用呼啦圈或粉线画成。同时，合理运用标志杆、跳高架、树木、球架、球柱、灯柱等为标识。自行选择飞盘投掷方式，每投掷一次为 1 杆，最后以打完 18 洞总杆数少者为胜。

建议：如果场地面积不大，可设置为 9 个洞。

（9）绕标赛：将 4 个标志杆按四角形放置在场地上，相连的标志杆间距为 30～100m，将 4 个标志杆分别标为 1 号、2 号、3 号和 4 号，在 1 号和 4 号标志杆之间画一条线作为起终点线。发令后，学生手持一个飞盘从起点线开始边投边捡，依次绕过 1 号、2 号、3 号、4 号标志杆后，最后以飞盘飞过终点线用时最少者为胜。（图 60-13）

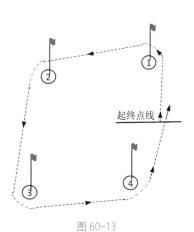

图 60-13

建议：标志杆的设置尽量合理利用学校场地，可自行调整标志杆数量，如 2 个（图 60-14）、3 个、5 个等；如果要增加奔跑距离，可重复绕标，如绕标 2 圈、3 圈等。

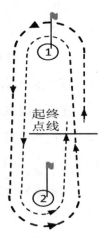

图 60-14

（10）闪躲飞盘：在平坦场地上画一个边长约 20m 的正方形。将参赛者分为人数相等的甲、乙两队，甲队（进攻）人员站于 4 条边线上，乙队（防守）人员站于方框内。发令后，甲队人员将手中的飞盘向方框内的乙队人员掷出，乙队人员躲避飞盘，如果躲闪不及被飞盘击中或触及，则判出局立即离开方框，计时 3min，到时后记下方框内的人数。两队互换角色，最后以方框内剩余人数多者为胜。

规则：

① 方框内的防守队员身体任何位置均不得触及飞盘，否则即判出局。

② 进攻队员掷飞盘时，两脚不得触越边线，否则视为无效。

③ 进攻队员可以进方框内捡飞盘。

建议：可以比较方框内的防守队员只剩一人或全队判出局的比赛时间，以用时多的队为胜；根据参赛人员来调整方框的大小，场地可以画成圆形或长方形。

（11）飞盘接力赛：飞盘接力赛又叫驿站接力或飞鸽传书，是一项团体竞赛项目。此项目不仅考验学生飞盘的技巧，也是一种脑力风暴，比赛虽然只有短短的 1 ~ 3min，但必须了解本队每位成员的技术水平，详细规划、合理安排每人站位、投掷方法、奔跑方向，只有这样才能在最短的时间一击奏效。

根据此项目的特征，比赛可安排在运动场地或校园场地进行。

运动场地：田径场、篮球场、排球场、体育馆等。根据运动场地的大小，设置相应的标志杆，一般在直段起终点设置 2 个标志杆，曲段要多设几个标志杆，同时，在场地上设置各种障碍。在第一个标志杆边画一条起点线，在最后一个标志杆边画一个终点圈。

校园场地：利用校园内的地形、地物、地貌组成比赛线路。

方法：3 ~ 6 人一队。赛前，教师给出一定时间，让各队结合比赛场地的情况，自行商讨决定全队人员的接力顺序、站位和分工。发令后，各队第一棒队员从起点投掷飞盘，然后跑至飞盘落地点捡起飞盘，继续沿规定路线进行投掷、奔跑和捡飞盘，如此反复，直到完成规定路线，并将飞盘传给第二棒。以此类推，直到最后一棒，并由最后一棒将飞盘投入终点圈结束比赛，用时最少的队胜出。

规则：全队人员均需参与接力，每人所跑的距离长短不做要求。

建议：如果是多队同时进行，最好采用一队一种颜色的飞盘，以便于清晰区分飞盘的归属。

（12）头顶盘：学生将飞盘放于头顶，顺利通过一定距离，途中两手不得触扶飞盘，若飞盘落地，须在掉落处停下放好飞盘后继续比赛（计时不停），用时最少者胜出。

（13）接力盘：将飞盘作为各种接力比赛的交接物，也可用于换物接力赛。

（14）快找搭档：准备两套飞盘，用记号笔在每套飞盘的封布上分别写上数字1、2、3……（用两种颜色的记号笔分别书写）。活动前，将两套飞盘分散在场地四周。发令后，每名学生跑出找到一个飞盘，然后根据飞盘上的号码，找到另一名持相同号码的搭档，看哪一组最先完成配对。

（15）夹盘跳：将飞盘夹于两脚或两膝之间，进行各种跳跃练习。

（16）摆造型：利用五彩缤纷的飞盘，发挥集体的智慧，设计、拼出各种造型图案。

（17）抢占位置：将飞盘散状或有序地放于地面（飞盘数比参与人数少1个），学生在场地上慢跑，听到信号后，每人迅速用脚踩或手抓一个飞盘，没抢到飞盘的学生表演节目。

说明：飞盘数比参与人数少多少可自行调整。

（18）快速跑辅助练习。

① 节奏跑：将飞盘以一定距离摆放成一条直线，学生跑过飞盘，培养学生跑动的节奏感。

② 跑点：将飞盘以适当距离摆放成一条直线，学生进行以增大步幅为目的训练。

（19）跳荷叶：将飞盘摆成一排或"Z"字形，学生进行双脚跳、单脚跳、跨步跳等练习。

（20）放飞心情：学生人手一个飞盘，听到信号后，全班学生发力将飞盘向天空掷去，同时，大声欢呼，愉悦身心，一节课所带来的疲劳和不如意的心情都会随着飞盘的飞出而烟消云散。

（四）注意事项

（1）飞盘的直径一般为 16 ~ 32cm。飞盘直径过小，其所受的升力小，掷出后下坠的速度快；飞盘直径过大，其所受的升力大，在空中飞行时间长，但前进的速度会变慢。

（2）木圆规可用简易的两根木条制成，其中一脚处固定粉笔。

（3）采用废弃高压锅密封胶圈制作时，采用直缝法即可。

（4）高压锅密封胶圈飞盘一般使用寿命在 1 ~ 2 年，为此，要有长期收集的准备。建议动员全校师生的力量进行收集。

（5）前述封布的制作须画两个同心圆，目的是让封布圆整、美观，但也有更便捷的方法，就是直接将圆环放于广告布上，然后用剪刀在圆环外边沿约 4cm 处剪一个圆形，但这样会影响外圆的效果。

（6）如果没有缝纫机，可直接用针线手工缝合，尽量缝密。

（7）根据塑料管做成的圆环和废弃高压锅密封胶圈的直径，可事先用硬纸板制作成所需的内、外圆模板，在封布画圆时，用圆模板直接压在布上，对准圆心点后沿着模板的轮廓画一圈，既快捷又方便。

六十一、软式跳跳球

当前，市场上销售的跳跳球主要用充气胶球或高强度合成橡胶体制成。我们利用废弃三大球制作了软式跳跳球，虽然其弹性比不上市场上销售的跳跳球，但基本可以达到相似的健身效果。该器材可用于单人跳跃练习、集体接力跳跃比赛、角力游戏等，能锻炼学生的下肢力量、耐力和平衡能力，增强学生的心肺功能，促进学生的骨骼发育。作为一种简易的自制体育器材，软式跳跳球安全性良好，深受学生的喜爱，同时可以缓解学校体育器材不足的问题。

（一）制作准备

废弃三大球、锥子、补鞋线、剪刀或美工刀、橡皮拉带、废布料、螺丝刀。

（二）制作方法

跳跳球由球体、落脚位和夹脚位组成。经过实践，其制作方法有简易式、加固式和拉带式三种。

1. 简易式跳跳球

简易式跳跳球只需一个废弃篮球就可制作。（图61-1）

（1）剪裁：取一个废弃篮球，用剪刀或美工刀通过球体中心的圆弧线剪开一半长度。（图61-2）

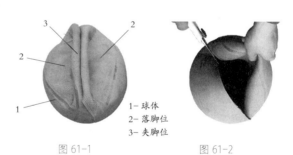

1- 球体
2- 落脚位
3- 夹脚位

图 61-1　　　　　　图 61-2

（2）填充：取一些废布料从开口处均匀地放进球体，因布料具有伸缩性，所放进的布料应压实，以填平一半的球体为宜。（图61-3）

（3）收边：将开口处两边的球皮由外向内翻，让两边相贴，开口处由原来的两层球皮变为四层。（图61-4）

（4）缝合：用锥子和补鞋

图 61-3　　　　　　图 61-4

线沿着开口翻折处的最下沿慢慢缝合，便形成了落脚位和夹脚位。（图61-5）

优点：制作简单方便，可以锻炼下肢力量和身体协调、平衡能力，适合腿部力量较强的人。

缺点：因夹脚位过小，跳跃时，两脚需用力夹紧夹牢夹脚位，否则，跳跳球易掉落，且易造成两脚疲劳。

图61-5

2. 加固式跳跳球

加固式跳跳球是在简易式跳跳球的夹脚位上方再增加一个夹脚体，让两脚夹跳跳球时更轻松，更有利于练习。（图61-6）

（1）夹脚体制作。

① 剪裁：取一个废弃排球，用剪刀将其对半剪开。（图61-7）

② 剪平：取半个排球，沿开口处的边沿对齐折叠，然后用剪刀将弧形的开口边沿剪平，为接合做准备。（图61-8）

③ 填充：将废布料从开口处均匀地放进球体内，以保证夹脚体充盈。（图61-9）

图61-6　　　　　　图61-7　　　　　　图61-8　　　　　　图61-9

（2）跳跳球制作。

① 剪裁：剪裁方法同简易式跳跳球。

② 填充：填充方法同简易式跳跳球。

③ 收边：将开口处两边的球皮直接并拢，初步形成夹脚位。

（3）接合。

① 连接：将夹脚体放置于跳跳球的夹脚位上，让夹脚体开口处的两层球体

裹在跳跳球夹脚位的外面。

② 缝合：用锥子和补鞋线将夹脚体和跳跳球的夹脚位缝合在一起。（图 61-10）

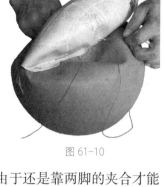

图 61-10

说明：为方便最后的缝合，可先用线将夹脚体、跳跳球夹脚位的开口处进行粗略缝合。

优点：由于有了夹脚体，练习时更有利于两脚的夹合，让跳跃更轻松、灵活。

缺点：制作方法相对于简易式跳跳球略显复杂，由于还是靠两脚的夹合才能进行练习，长时间使用，也会因两脚疲劳而掉球。

3. 拉带式跳跳球

拉带式跳跳球是在简易式跳跳球的夹脚位中间固定一条拉带，练习者两手拉住拉带进行练习。（图 61-11）

（1）跳跳球制作：方法与简易式跳跳球制作方法相同，其中，在开口处的收边球皮层数可直接为原来的两层或由外向内翻折为四层。

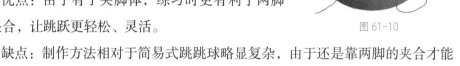

图 61-11

（2）拉带：最好选用橡胶拉带（两头已带钩），如自行车绑带、行李绳等；也可以用废弃自行车内胎、塑料跳绳、普通绳子等代替。

（3）钻固定洞：取一个制作好的跳跳球，用螺丝刀在夹脚位中间位置上戳个洞，使左右互通。（图 61-12）

图 61-12

（4）连接：分别将拉带的两头弯钩穿过夹脚位中间的洞眼并固定。（图 61-13）

说明：若不用两头带钩的橡胶拉带，而用其他绳子作拉带，为了便于固定，可先用铁丝穿过夹脚位的钻洞做个圆环，便于固定绳子。

图 61-13

优点：有了拉带，练习者能自如地操控跳跳球，可以进行长时间的练习。

缺点：两手拉带，不能较好地利用两臂的摆动协助练习。

（三）使用方法

学生可以站在软式跳跳球上进行单人跳跃练习、集体接力跳跃比赛、角力游戏等。

（四）注意事项

（1）落脚位大小与球体的直径有关，小学生可用排球、足球作球体，中学生可用篮球作球体。

（2）多数学生喜欢拉带式跳跳球，简易式跳跳球和加固式跳跳球适用于身体素质较好的学生，或以安排挑战性练习为宜。图61-14为简易式跳跳球，图61-15为拉带式跳跳球。

图 61-14　　　　图 61-15

（3）用于制作拉带式跳跳球的拉带，最好选用具有伸缩性的橡胶带。

（4）拉带最好以对折为两条的形式来牵拉，根据学生的年龄，拉带长度为1.2 ～ 1.8m。

六十二、软式棒球

棒球运动是对抗性很强的球类运动项目。棒球运动在国际上开展较为广泛，影响较大，被誉为"竞技与智慧的结合"。棒球运动由于所需的器材价格不菲，在中小学体育教学中难以开展。为此，我们利用一些生活中常见的物品制作了软式棒球器材（图62-1），让师生体验棒球运动并感受它的魅力。

图 62-1

（一）制作准备

竹竿、超能胶粘剂、塑料瓶、报纸、海绵实心球、胶布、锯子、美工刀、锤子、电钻、砂纸、油漆。

（二）制作方法

1.球棒的制作

（1）清洗：将收集来的竹竿和塑料瓶清洁干净。

图 62-2

（2）手柄制作：将竹竿锯成约 60cm 长，两端分别试插入瓶口，以竹竿一端的外径与瓶口的内径相适为宜，这样可以保证手柄与瓶体吻合。如果竹竿外径略大于瓶口内径，可用美工刀将竹竿削细；如果竹竿外径比瓶口内径小，可在竹竿缠绕胶布来增大直径。（图 62-2）

（3）组装：分别在竿端 3 ～ 5cm 处和瓶口内沿涂上胶粘剂，然后将涂有胶粘剂的竿端插入瓶口，竹竿超过瓶颈少许即可。然后，静置 24 小时后，让胶粘剂凝固。

图 62-3

（4）加固：为了避免使用中出现瓶子从手柄处脱离的问题，可使用钻头直径约为 4mm 的电钻，从瓶口外面中间位置垂直往下钻穿（图 62-3），然后用竹子做成的销钉敲进钻洞销牢（图 62-4），最后削平留在外面的竹子。

图 62-4

（5）手柄打磨上漆：为了让球棒的手柄平滑、美观，用砂纸打磨手柄上面的竹节和毛刺，然后在手柄（竹竿）的表面刷（喷）上各种颜色的油漆。

2. 球的制作

（1）纸球：先用报纸揉裹成圆团，外面用透明胶布缠绕包裹，直径为 6 ~ 8cm。

（2）小皮球：可用儿童玩耍的海绵实心球代替。

（三）使用方法

（1）棒球赛：学习棒球比赛规则，可结合中小学生的身心特点，适宜地修改和调整棒球比赛规则进行比赛。

（2）击打：一人平抛球或小斜线抛球，另一人挥棒击打；也可将球放在支架上进行击打练习。

（3）按摩棒：握住手柄，将瓶身对肩、背、腰、臀、腿进行敲击，起到按摩的作用，主要利用捶打原理达到按摩、放松的功效。

（4）高尔夫球：可用球棒和纸球来模拟高尔夫球练习。

（5）抓棒：持棒者将球棒放于抓棒者的虎口上方（瓶子朝下），突然放手，抓棒者迅速抓棒。

（6）顶棒：将球棒的手柄末端立于前额、手指、手心、手背等部位，看谁顶得久。

（四）注意事项

（1）竹竿直径不宜过大，最好与瓶口内径相适宜。

（2）尽量选用长圆柱状且表面平滑的塑料瓶，如洗洁精瓶、矿泉水瓶等。

（3）竹竿可以用 PVC 管或 PPR 管代替。（图 62-5）

（4）为了让制作的纸球更鲜艳、美观，可在外面包裹彩纸。

图 62-5

六十三、软式标枪

标枪是田径运动使用的投掷器械之一，由于安全问题，在日常体育教学中很难见到，多数在运动队训练或比赛中出现。为了让这项古老的运动项目重焕光彩，让学生体验标枪运动的魅力与快乐，我们利用矿泉水瓶制作了软式标枪（图63-1），既实用又安全，适用于学生进行投掷练习。

图 63-1

（一）制作准备

相同规格的矿泉水瓶、胶带、厚约1cm的EPE珍珠棉泡沫板或EVA片材。

（二）制作方法

（1）枪身：将矿泉水瓶清洗干净，将瓶口对瓶口、瓶底对瓶底，用胶带分别缠绕固定，制作成约1m长的枪身。（图63-2）

（2）枪头：软式标枪前端选择瓶底向前，以增加安全系数，可适度包裹轻薄发泡材料或海绵，以延长其使用寿命。（图63-3）

（3）枪尾：将EPE珍珠棉泡沫板或EVA片材剪成宽5cm、长10cm左右的长方块作为标枪尾翼，然后用胶带固定在标枪的尾部。（图63-4）

图 63-2

图 63-3

图 63-4

（三）使用方法

（1）软式标枪与标枪投掷方法相同。

（2）软式标枪可在投掷练习或投准游戏时使用。

（3）软式标枪可放于地面作为标志杆或障碍物使用。

（四）注意事项

（1）投掷项目禁止面对面对掷，培养学生的安全意识。

（2）可用塑料瓶连接做成简易栏架（图63-5），或适度延长矿泉水瓶组合的长度，作为跳高横杆使用。

图63-5

（3）枪身连接方法可调整如下：除最后一个瓶子外，其他瓶子可剪去瓶底部分，然后逐个连接，连接处用胶带缠绕固定。

六十四、软式链球

链球是田径运动中的投掷项目之一，基本上在大型运动会的田径赛场上才可以见到，加上有一定的危险性，在平时体育课堂教学中难以开展，学生也无法体验该项运动带来的乐趣。为此，我们利用身边的生活物品制作了一款简易软式链球，其具有制作简单、使用安全等特点，让学生在校园里就可以感受链球运动的魅力。

（一）纸链球

1. 制作准备

废纸，胶带，直径约5mm、长约1m的绳子，PVC软管约20cm，长宽高约为 3cm×3cm×10cm 的木条。

2. 制作方法

（1）拉绳固定栓：将绳子一端绑在木条上作球体固定栓，避免在使用过程中绳子从链球中脱落。

（2）球体组合：用废纸包裹固定栓，并逐层包裹，形成直径约 15cm 的球体，最后用胶带在外面缠绕固定。

（3）手柄：将绳子另一端（无球端）穿过 PVC 软管，然后打结作为手柄。（图 64-1）

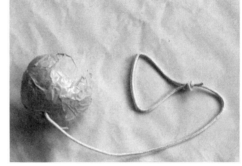

图 64-1

3. 使用方法

（1）学生两手握住链球手柄，带动链球沿头上旋转一圈，然后身体沿顺时针或逆时针方向旋转并通过手臂带动链球，选择合适的方向松手，让链球沿一定的角度飞行。

（2）适当缩短链球连接绳的长度，手握链球手柄，手臂上举将链球从头上旋转直接抛出。

（3）可将链球置于地面，直接旋转身体带动链球，随即抛出。

4. 注意事项

（1）绳子尽量用安全绳、棉绳、编织绳等软质绳子，要求结实、耐用。

（2）把木块中间削成凹状，这样固定绳子时，会更牢固且不易滑动。

（二）废球链球

1. 制作准备

废弃排球，废纸，废布条，边角海绵，直径约 5mm、长 1m 的软绳，PVC 软管约 20cm，长宽高约为 3cm×3cm×10cm 的木条，锥子，补鞋线，剪刀。

2. 制作方法

（1）拉绳固定栓：将绳子一端绑在木条上作球体固定栓。

（2）球体：用剪刀将废弃排球剪开一个长约 8cm 的口子，将固定栓塞入排球，然后往球体内塞入废纸、海绵、废布条等填充物，直到塞满为止。

（3）缝合：用锥子和缝鞋线将开口处缝合完整。

（4）手柄：将绳子另一端（无球端）穿过 PVC 软管，然后打结作为手柄。（图 64-2）

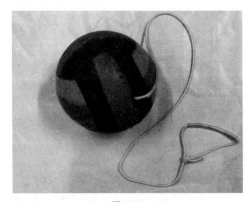

图 64-2

3. 使用方法

同纸链球。

4. 注意事项

（1）开口不能剪得太大，能塞入填充物即可。

（2）根据学生的能力，自主增减球体内填充物的重量。

（三）布链球

1. 制作准备

彩色的布艺、布头等边角料，废报纸，直径约 5mm、长 1m 的软绳，塑料袋，PVC 软管约 20cm，剪刀，针线。

2. 制作方法

（1）纸球：将准备好的废报纸揉成纸团，放入塑料袋中备用。

（2）球袋：将彩色布艺裁剪后缝制成球形，也可直接做成小口袋。

（3）组合：把准备好的、装入纸团的塑料袋装入缝制好的彩色口袋中。（图 64-3）

（4）连接：用绳子将彩色口袋打结，最后在软绳的另一端套上 PVC 软管打结作为手柄，一个软式布链球就做好了。（图 64-4）

图 64-3　　　　　　　　　　　　　　　图 64-4

3. 使用方法

同纸链球。

4. 注意事项

（1）链球的长度和重量可以根据学生的身高和教学要求进行选择。

（2）可以用废布料、海绵等轻质物品代替报纸作为填充物。

六十五、软式铁饼

铁饼运动有着悠久的历史，远在古代奥运会前，投掷圆石片就广为流传。铁饼是用金属和木头制作的盘状物，由于其投掷技术较难掌握，且有一定的危险性，因此铁饼项目几乎没有出现在中小学体育课堂上。而利用报纸、硬纸板或挂历自制的软式铁饼，既环保又安全，能让学生享受投掷铁饼带来的快乐。

（一）制作准备

报纸、硬纸板、挂历、胶带。

（二）制作方法

（1）做芯：用硬纸板或挂历剪成直径为 18 ～ 22cm 的圆饼，作为饼芯。

（2）包裹：用报纸裹在饼芯的硬纸板外面，并形成中间厚两边薄的盘状，最后用胶带对外表缠绕包裹。（图65-1）

图65-1

（三）使用方法

（1）掷远：用软式铁饼作投掷物，每人投掷3次，按有效成绩远近判定名次。

规则：采用类似投掷规则，允许助摆动作，但不能越出投掷区（圈），软式铁饼落在规定区域内为有效投掷。

（2）抛接：学生可自抛自接，也可以多名学生进行各种姿势的互相抛接。

（四）注意事项

（1）可以根据需要制作大小、重量规格不同的软式铁饼，注意裹住饼芯的报纸应尽量压实，中间厚两边薄。

（2）最好在草地上使用软式铁饼，在水泥地上软式铁饼容易变形。

（3）为了让软式铁饼落地时不易变形，作饼芯的硬纸板可用多层加厚处理。

（4）可以用废旧软布料包裹在软式铁饼最外层，这样既安全又耐用。

六十六、软式跨栏架

在跨栏教学中，一些学生（特别是初学者）因为害怕被栏架绊倒产生畏惧心理，导致跨栏动作变形。为此，我们需要一款安全的软式跨栏架替代传统跨栏架，如利用泡沫地垫代替原木质栏板，能很好地解决这一长期困扰教学的问题，且该器材具有制作简单、使用安全等特点。

（一）制作准备

栏架、边长 60cm 的泡沫地垫、美工刀、胶带。

（二）制作方法

（1）栏板制作：将跨栏架上的栏板拆卸下来，把栏板一侧和泡沫地垫一侧对齐，用美工刀沿栏板另一侧切割（图 66-1），共需要切割 4 根，每 2 根泡沫条用胶带缠绕成 1 根，再将 2 根制作好的泡沫条连成一根长条（图 66-2）。

（2）组装栏架：把制作好的栏板放入栏架卡槽，拧回螺丝即可。（图 66-3）

图 66-1　　　　　　　　　　图 66-2　　　　　　　　　图 66-3

（三）使用方法

将软式跨栏架放到跑道上，进行跨栏动作的教学，也可以进行跳栏架、摆腿、钻栏等练习。（图 66-4）

（四）注意事项

（1）栏板还可以用 EPE 珍珠棉泡沫板、EVA 板材等软质材料制作。

（2）可以在自制栏板上涂上黑白相间的颜色，与标准跨栏架的栏板相似，让自制栏板更加逼真。

图 66-4

六十七、软式橄榄球

橄榄球，因形似橄榄而得名。橄榄球运动可以发展学生的速度、灵敏等身体素质，增强学生的团结协作意识，激发学生参与运动的兴趣，培养学生的拼搏精神。但是该项目普及性低，一般学校不会采购橄榄球。我们可以利用废纸、废球自制橄榄球。自制软式橄榄球具有橄榄球的基本特征，其制作简单方便，可以让更多的学生体验并且参与这项运动。

（一）废纸制作法

1. 制作准备

废纸、报纸、胶带。

2. 制作方法

（1）做芯：收集一些废纸，将每张纸独立揉成纸团。（图 67-1）

图 67-1

（2）包裹：取 2 张报纸把纸团包好，包成中间大、两端小的椭圆形，制作时一边包裹一边用胶带稍作固定。

（3）封带：用胶带将外面全部缠绕密封，这样更加耐用。（图 67-2）

图 67-2

3. 使用方法

（1）橄榄球比赛：参考橄榄球比赛规则，并结合学校场地及学生年龄大小酌情调整规则，进行软式橄榄球比赛，让学生感受橄榄球运动的魅力。

（2）抛接游戏：两人一组，相隔 3 ~ 8m，一人抛，一人接，相互练习。

4. 注意事项

（1）为了美观，在封带之前，纸球表面可以自己绘制上橄榄球的图案。

（2）可以根据需要制作大小、规格不同的橄榄球。

（3）由于橄榄球队员可以采用踢球，也可以采用抓、抱、摔等方法阻碍对方前进，因此制作橄榄球时应尽量包裹结实，这样不容易破损。

（4）可以采用废弃的广告横幅、衣服来制作，中间可以用碎海绵作填充物。

（二）废球制作法

1. 制作准备

废弃排球、剪刀、填充物（如废布、废纸或海绵等）、带钩锥子、补鞋线、胶带。

2. 制作方法

（1）作模：将废弃排球用剪刀剪至 3/4 处，然后将开口处两边向内折叠。

（2）填充：用废布、废纸、海绵作为填充物塞满球体，然后将两侧开口端拉拢，使球体呈椭圆状。

（3）封口：用胶带在外面缠绕固定（图 67-3），或用补鞋锥子及线进行缝合（图 67-4）。图 67-5 为制作成品。

图 67-3　　　　　　　　图 67-4　　　　　　　　图 67-5

3. 使用方法

其使用方法与废纸制作的软式橄榄球使用方法相同。

4. 注意事项

（1）选用废弃高发泡 PV 软皮排球，表面软质，手感舒适，练习时相对安全。

（2）橄榄球比赛应在一片不小于 30m×20m 的草地或在篮球场地内进行。

（3）橄榄球属于对抗性强、竞争激烈的运动，比赛时很容易出现双方身体冲撞现象。教师在组织比赛时，要讲清规则，严格判罚，控制比赛节奏，避免冲突发生，减少伤害。

（4）为了增强安全性，避免不必要的冲撞发生，可将橄榄球比赛改为碰触式。例如，可以规定防守方一旦碰触到持球进攻者的身体，持球者就要把球放下，由防守方从后方取得球组织进攻。

六十八、软式接力棒

接力棒一般采用木质和铝合金制成，由于材质较硬，少数学生在交接棒时容易出现碰撞等现象，从而存在一定的安全隐患。我们采用泡沫棒、报纸、鼠标垫等制作软式接力棒，其不仅具备传统接力棒的功能，还具有取材方便、制作简单、使用安全的特点。

（一）制作准备

直径 3.0 ~ 3.8cm 的泡沫棒、报纸、鼠标垫、胶带、尺子、剪刀或美工刀。

（二）制作方法

（1）泡沫棒接力棒：用尺子量取 30cm 的泡沫棒，用美工刀切断（图 68-1），泡沫棒接力棒就制作完成了（图 68-2）。

图 68-1　　　　　　　　图 68-2

（2）报纸接力棒：将报纸卷成同接力棒大小的半空心圆棒，用胶带缠在外面即可。（图 68-3）

（3）鼠标垫接力棒：将鼠标垫卷成同接力棒大小的半空心圆棒，用胶带缠在外面即可。（图 68-4）

图 68-3　　　　　　　　图 68-4

（三）使用方法

在各种接力比赛中，前一名学生将接力棒传递给后一名学生。

（四）注意事项

（1）用软式泡沫棒制作接力棒时，尽量选择实心泡沫棒，不易损坏，可以选择多种颜色，以激发学生的练习兴趣。

（2）制作报纸接力棒和鼠标垫接力棒时，棒体的一半可以用彩色胶带缠裹，以增加美观性。

（3）使用软式接力棒时不宜大力拉扯，以免折断。

六十九、软式接力环

接力环，也称体操环，具有抓握灵活、方便、安全的特点。传统的接力棒，抓握时只有固定的一端，若交接不当，容易出现掉棒现象。而圆形接力环，任意位置均可抓握，既简化了传递技术，又利于稳定的传递交接，且具有安全性和趣味性，深受中小学生喜爱。

（一）泡沫棒接力环

1. 制作准备

直径 2.5 ~ 3.8cm 的泡沫棒、剪刀、胶带。

2. 制作方法

（1）截取：用剪刀剪取 40 ~ 60cm 长的泡沫棒备用。

（2）固定：将泡沫棒两头互连，然后用胶带缠绕固定，一个泡沫棒接力环就制作完成了。（图 69-1）

图 69-1

（二）塑料软管接力环

1. 制作准备

塑料水管或 PVC 软管、剪刀、胶带。

2. 制作方法

（1）开口：在塑料水管或 PVC 软管一端用剪刀剪开约 3cm 的口子（图 69-2）。

（2）插入：将剪开的开口端收紧插入另一端胶圈内（图 69-3）。

（3）固定：在连接处用胶带缠绕牢固（图 69-4），一个塑料软管接力环就制作完成了。（图 69-5）

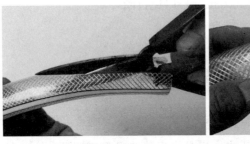

图 69-2

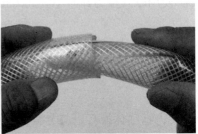

图 69-3

图 69-4

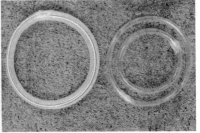

图 69-5

（三）使用方法

（1）接力：可代替接力棒作为交接物进行接力跑的练习。

（2）套圈：间隔一定的距离，用接力环套标志物。

（3）投掷圈：在进行投掷练习时，将接力环当作掷远或掷准的标志圈。

（4）抛接：可以将接力环用于近距离的上下、左右等抛接练习，类似于投掷飞盘练习。

（四）注意事项

（1）EPE 泡沫棒有空心和实心两种，可以用配套的两通连接器直接将泡沫棒连接，然后外面用胶带稍微固定。

（2）可以根据实际需要选用直径不同的泡沫棒或者塑料水管，制作不同大小的接力环。

（3）用胶带固定两头接口时，应多缠绕几圈，以防在接力过程中用力过大造成接力环分离。

七十、软式榔头

利用软式泡沫棒和气球制成的软式榔头，具有形象逼真、柔软安全等特点，在游戏过程中不仅可以发展学生灵敏和力量等身体素质，还可以增进学生之间的感情，适用于中小学体育游戏教学，能给体育课堂教学增添无穷的乐趣。

（一）制作准备

直径 3.8 ~ 7.5cm 的泡沫棒和单孔连接器、气球、美工刀、胶带。

（二）制作方法

（1）截取：用美工刀切取 40 ~ 60cm 长的泡沫棒（图 70-1），作为榔头的手柄。

（2）组合：将泡沫棒的单孔连接器作榔头套在手柄上（图 70-2）；把吹好的两个气球扎紧口，分别用胶带缠在手柄上端（图 70-3）。

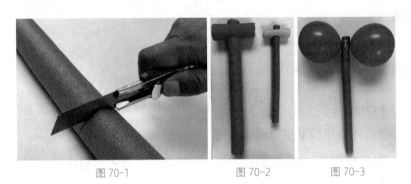

图 70-1 　　　　　　　图 70-2 　　　　　　　图 70-3

（三）使用方法

（1）打"地鼠"游戏：所有人在直径约 5m 的圆圈内跑动，一人手持榔头去打跑动中的"地鼠"，打中就算成功，"地鼠"蹲下不动则不可击打，在规定时间内，将所有"地鼠"打光即可获胜。

（2）看谁反应快：两人一组，各持一个榔头，间隔 2m 面对面站立。教师大喊其中一名学生姓名，被喊到学生快速用榔头击打对方，被打者快速蹲下躲避。若被打中则打人者获胜；反之，被打者获胜。

（3）蒙眼打人：两人一组，各持一个榔头，并戴上眼罩，原地转 3 ~ 5 圈后，再互相用榔头击打对方，可以拍打地面，混淆视听，先打中对方者获胜。

（四）注意事项

（1）可以选择不同直径的泡沫棒制作成不同型号的榔头。

（2）气球作榔头时不宜吹得太大，否则易破；单孔连接器作榔头时，选择的孔径要和手柄泡沫棒的直径大小配套，否则榔头容易脱落。

（3）可以直接用泡沫棒作为榔头在游戏中使用。

七十一、软式双节棍

双节棍，又称二节棍、二龙棍，是中国古代流传下来的一件奇门武器。软式双节棍由废旧布料制作而成，具有制作简单、使用安全方便的特点。该器材能够有效消除学生的恐惧心理，使学生更好地掌握双节棍的基本动作，有效提高学生的学习兴趣。

（一）制作准备

剪刀、大针、线绳、直尺、废弃布料、鞋带、棉花（或海绵）、塑料泡沫、锯末、细沙。

（二）制作方法

软式双节棍由长布袋、固定环和拉带组成。

（1）长布袋：取废旧布料剪2块长33cm、宽10.5cm的长方形，将其反面放在桌面上，将鞋带放置宽边距布边1cm处，然后折叠布边并缝合（图71-1）；沿长边对折长方形布料，并于距边1cm处将长边和无鞋带的宽边分别缝合，使之形成一个开口布袋（图71-2）。

图 71-1　　　　　　　　　图 71-2

（2）固定环：用废旧布料剪 2 条长 8cm、宽 3cm 的布条，并将布条沿宽边对折，沿长边缝合，然后将其厚布条两端对称分别缝合于 2 个布袋口部形成一个封闭的小布环。（图 71-3）

（3）拉带：用废旧布料剪 1 条宽长 30cm、3cm 的布条，沿宽边对折，并沿长边缝合，将此厚布带两端各穿过布袋口的布环，并反折呈环状缝合。

（4）填充：将准备好的塑料泡沫沿宽边卷成空心圆柱，塞于布袋中央，首先在布袋内塑料泡沫形成的空心圆柱中装入一定的锯末或细沙，其次装入碎布料，最后拉紧布袋口部的鞋带将布袋口拴合即可。可以根据自身需要增减双节棍的重量。

（5）组合：将做好的 2 根软式双节棍拴合连为一体，即成一副简易的软式双节棍。（图 71-4）

 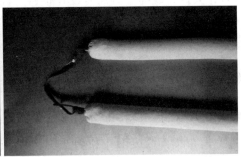

图 71-3 　　　　　　　　　　图 71-4

（三）使用方法

双节棍不需要习练者具有武术基础，没有固定的招式，容易上手，可以自创招式，主要有握棍与夹棍、上劈与上下反弹、花式基本棍法等基础玩法。

（四）注意事项

（1）为了使制作的双节棍更加美观，激发学生兴趣，可让学生选择自己喜欢的布料制作。

（2）为了增加双节棍的耐用性，尽量选用结实耐用的布料，如帆布、牛仔布料等。

（3）为了制作不同重量的双节棍，可以调整细沙和锯末的比例。

（4）双节棍身的直径大小及棍身长短、棍间连带的长短可按学生自身需要来确定，以适宜练习为佳。

七十二、海绵砖

在短跑项目中，步幅、步频是影响成绩的重要因素，在平时的针对性练习中，教师会采取地上贴胶带、画线、放置障碍物等方式进行标记，但操作不便。我们用制作的海绵砖来辅助学生进行练习，既能大大减少教师布置场地的时间，也能较好地达到练习效果，同时海绵砖具有制作简单、经济实惠、使用方便等特点。

（一）制作准备

3 ~ 8cm 厚度的海绵块、卷尺、记号笔、刀具。

（二）制作方法

以制作长 25cm、宽 10cm 的海绵砖为例，说明制作方法。（图 72-1）

（1）测量：用卷尺测量长 25cm、宽 10cm 的海绵块，并用记号笔留下标记。

（2）切割：用刀具沿着标记进行

图 72-1

切割，海绵砖即制作完成，使用相同方法可制作其他海绵砖。

（三）使用方法

（1）步幅、步频练习：将若干块海绵砖按照一定距离摆成纵列，学生依次

跑过海绵砖进行步幅、步频练习。（图 72-2）

（2）辅助立定跳远练习：将海绵砖放置在一定远度位置，学生进行立定跳远练习，主要练习落地伸小腿动作，并克服心理障碍。（图 72-3）

（3）标志物：将若干块海绵砖按一定距离和要求放置在场地上，做折返跑、"8"字跑、"Z"字形跑等练习，也可以将海绵砖作为障碍物进行各种跳跃练习。

图 72-2　　　　　　　　　　　图 72-3

（四）注意事项

（1）可根据学生的实际情况制作各种规格的海绵砖。

（2）海绵砖具有易碎、易吸水等特点，使用时不得拉扯海绵砖，避免长时间暴晒或在有水的地面使用，使用完毕后尽快回收保存，保存环境要保持干燥。

第六部分　综合器材类

七十三、大弹弓

弹弓是我国民族传统体育项目之一，有着悠久的历史。人们一提到弹弓，首先就会想到儿时玩的小弹弓，但是小弹弓的玩法存在一定的安全隐患，并不适合在学校开展。因此，在小弹弓的启发下，我们用宽牛皮筋和毛巾制作了大弹弓，相较于小弹弓，大弹弓的玩法更加安全有趣，还能培养学生的团队意识。

（一）制作准备

宽牛皮筋、毛巾、废纸、胶带。

（二）制作方法

以制作一副大弹弓为例，说明制作方法。

1. 弹弓

（1）拿一条毛巾，将毛巾的两侧各打一个结。（图73-1、图73-2）

（2）将5根宽牛皮筋相互串联（图73-3）连接成一长条（图73-4）。用同样方法再串接一条，共两条备用。

（3）将两条串接好的宽牛皮筋的一端

图73-1　　　　　　　　图73-2

图73-3　　　　　　　　图73-4

分别固定在毛巾两端的打结处。（图73-5）

2. 炮弹

将废纸揉成足球大小，用胶带在表面缠绕固定。

图73-5

（三）使用方法

（1）接发炮弹：6人一组，每组2~4枚炮弹。组内2人分别手握宽牛皮筋一端固定弹弓，2人发射炮弹，剩下2人每人1只纸篓站在对面一定距离处接炮弹。队员将炮弹发射后，接炮弹者力争在炮弹落地前用纸篓接住，然后将炮弹送回发射处。接住一个得1分，最后在规定时间内得分最多的小组获胜。

（2）打靶：3人一组，2人固定弹弓，1人发射炮弹。在弹弓的前面一段距离处摆放1个目标靶，目标靶的大小以及放置距离可根据学生能力进行调整，也可在地上画个环形靶。比赛开始后，小组每人发射3枚炮弹，然后根据命中率或射中的环数计算小组得分。（图73-6）

图73-6

（3）射远：3人一组，2人固定弹弓，1人发射炮弹。所有小组站在发射线后，每组发射若干枚炮弹，最后看哪组发射的炮弹最远。

（四）注意事项

（1）尽量选择宽边较长的毛巾，以便于打结。

（2）毛巾打结时，为了增加牢固性，可以用老虎钳辅助拉紧固定。

（3）纸球也可直接用排球、软式排球、足球等代替。

（4）根据需要，可以调整大弹弓两侧宽牛皮筋的数量。

（5）尽量选择在宽阔的场地练习。

七十四、滑板车

利用废旧学生桌板和万向轮制作的滑板车，具有取材方便、成本较低、实用有趣等特点，可用来进行各种滑行练习，也可用来作为搬运体育器材的平板车。

（一）制作准备

废旧学生桌板或厚度约 2cm 的木板、万向轮、螺栓、螺母、U 形螺栓、电钻、卷尺、记号笔。

（二）制作方法

（1）标记：用卷尺测量并在木板上确定打孔位置，用记号笔标注。

（2）打孔：用电钻在标记点上打洞，除了标记点还可以在木板边缘打孔，配合 U 形螺栓用于连接其他木板。

（3）连接：用螺栓、螺母将万向轮固定在木板上。（图 74-1）

图 74-1

（三）使用方法

（1）滑板练习：选取平坦安全的场地，学生手握撑杆，将撑杆用力撑地，推动滑板前行。（图 74-2）

（2）拼接使用：用 U 形螺栓穿过滑板车边缘孔中，连接多个滑板车，可以进行"开火车"游戏（图 74-3）。借助不同长度的 U 形螺栓，可以将多块滑板进行连接，连接

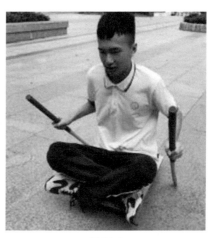

图 74-2

图74-3

图74-4

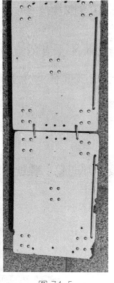

图74-5

方式有长距连接（图74-4）和零距连接（图74-5）。

（3）用作平板车：可用于搬运实心球（图74-6）、体操垫等体育器材，提高搬运效率。

（4）拓展练习：可进行俯卧滑行（图74-7）、仰卧滑行（图74-8）等练习。

图74-6

图74-7

图74-8

（四）注意事项

（1）根据需要可以将滑板车做成相应的尺寸，也可做成不同的形状，如圆形。

（2）根据滑板大小及学生年龄酌情选择安装万向轮的数量及位置。

（3）可利用旧圆桌板制作滑板车，以满足多人同时使用的需要。

（4）使用滑板车时注意慢行，避免碰撞与损坏万向轮。

七十五、高跷

踩高跷是我国传统的民间游戏，也是学生非常喜欢的一项游戏，可以发展学生的协调性、灵活性和平衡能力。当前，许多学校将高跷引入校园并积极开展踩高跷运动。为了丰富高跷的种类，激发学生参与民间体育项目的练习兴趣，我们利用生活物品制作了实木高跷、铁罐高跷、竹筒高跷三种，既满足了不同学段学生的需求，又丰富了体育器材。

（一）实木高跷

1. 制作准备

直径约 5cm 的长木棍、4cm×5cm 方木条、厚约 4cm 的木板、锯子、记号笔、卷尺、锤子、铁钉。

2. 制作方法

实木高跷由握把、脚踏和支撑块三部分组成。

（1）截取：用锯子截取 2 根长约 160cm 的木棍（作握把）、2 根长 20cm 的木条（作脚踏）、2 块边长约 10cm 的等腰三角形木板（作支撑块）。

（2）组合：在作握把的木棍底部向上量取 15cm 左右，用记号笔标记，然后将脚踏放于标识处，并用铁钉固定；接着把支撑块放于脚踏下方并紧贴握把的一边，最后用铁钉固定。同样方法再做一支高跷。

图 75-1

（3）打磨：将制作好的高跷的切口与棱角处打磨平滑。（图 75-1）

3. 使用方法

（1）原地踩：一人踩，另一人帮扶（扶其一支高跷或扶踩跷者两髋关节处），在原地保护下进行，踩跷者熟练后，慢慢减少帮扶。

（2）行进踩：一人行进踩，另一人帮扶，再过渡到独立行进踩高跷。（图 75-2）

（3）跳跃踩：可试做单腿跳踩、双腿跳踩、跨跳踩等多种跳跃动作。初学时步幅可以小些，跳得

图 75-2

低点，速度慢些。

（4）花样踩：可以做越过障碍物（如越过小凳子）、舞蹈（扭秧歌）等练习。

4. 注意事项

（1）脚踏板的木条可以用粗钢筋代替，先在原安装脚踏处打孔，然后将钢筋横穿即可。

（2）为了使高跷更加牢固，可在木棍固定脚踏处进行开榫眼，用于固

图 75-3

定脚踏；也可以在脚踏与木棍接合处用自行车外胎包裹固定。（图 75-3）

（二）铁罐高跷

1. 制作准备

易拉罐、布绳、记号笔、锤子、长铁钉。

2. 制作方法

（1）标记：用记号笔在易拉罐瓶身处标记出打孔位置。

（2）打孔：用长铁钉和锤子在标记处打出对称的两个孔（两孔要等高且对称）。（图 75-4）

（3）穿绳：把一条绳子依次穿过 2 个孔眼（图 75-5），然后将两个绳头打结固定（图 75-6）。

图 75-4　　　　　　　　图 75-5　　　　　　　　图 75-6

3.使用方法

将易拉罐竖直放立，两手握住绳子，然后两脚先后踩到易拉罐上，拉紧绳子，手脚协调配合，向前行进。（图75-7）

4.注意事项

（1）布绳可以换成尼龙绳等其他适合的绳子，方便抓握。

（2）可以用奶粉罐制作不同大小的高跷，但材料必须是马口铁，不能是铝制罐。

图75-7

（三）竹筒高跷

一般竹筒高跷的高度为5～30cm，下面以制作一个高10cm的竹筒高跷为例。

1.制作准备

直径8～12cm的毛竹、锯子、电钻、卷尺、绳子、砂纸。

2.制作方法

（1）测量：在毛竹上用卷尺量出10cm做好记号。

（2）截取：用锯子在记号处截取竹筒。

（3）打孔：在竹筒一端离底口约5cm处，用电钻打2个对称的孔眼。

（4）穿绳：把绳子的两个头从两边往里穿进，从里边拉出两个绳头打结。（图75-8）

3.使用方法

将竹筒竖直放立，两手握住绳子，然后两脚先后踩到竹筒上，拉紧绳子，手脚协调配合，向前行走。

图75-8

4.注意事项

（1）竹筒的毛刺必须使用砂纸打磨干净，防止使用时人员受伤。

（2）可以制作与竹筒直径相同的木板固定在竹筒顶部和底部，增大脚与竹筒的接触面积，减小脚底的受力压强。

七十六、竹（木）剑

金属剑是一种平直、细长、带尖、两面有刃的金属短兵械。在武术教学及对战演练中，金属剑具有较高的危险性。竹（木）剑练习风险低，能让剑术在各个学校开展。我们可以通过自制竹（木）剑，开展剑术教学，让学生感受中华传统武术的魅力。

（一）制作准备

长120cm的竹（木）片、竹（木）块、钢锯、凿刀、记号笔、藤条、粘贴剂。

（二）制作方法

剑由剑身、剑柄和剑鞘三部分组成。其中，剑身包括剑锋、剑脊、剑锷等；剑柄包括剑茎、剑格、剑首等。剑的各部位名称如图76-1所示。

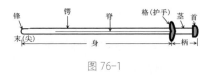

图76-1

（1）绘制：在竹（木）片上绘制、标记出剑锋（圆头）、剑锷和剑茎的位置，在竹（木）块上绘制、标出剑首、剑格的形状（元宝形）与尺寸。

（2）截取：将剑身部位用钢锯锯下，剑格中间用凿刀凿空（剑身宽度），剑首凿一半（不凿通，宽度为剑身宽度）。

（3）组合：将剑身从剑格中穿入至剑锷15～20cm处，然后将剑身插入剑首，最后将藤条缠绕在剑茎处。以上部分组合时皆需要使用粘贴剂固定。（图76-2）

图76-2

（三）使用方法

（1）竹（木）剑适用于剑术教学，或习练太极剑等传统剑术。

（2）可将其作为箭练习投壶类型的投掷项目。

（四）注意事项

（1）根据不同年龄的学生，制作不同尺寸的竹（木）剑，中小学生适宜剑长为 108 ~ 112cm，高中生、大学生适宜剑长为 115 ~ 120cm。

（2）制作时注意打磨竹片毛刺，避免使用时划伤手。

（3）可以对竹（木）剑进行上漆或者抛光处理，避免虫蛀或受潮，影响其寿命。

（4）投掷时必须在空旷场地，并保证有序练习。

七十七、简易投壶

投壶是投箭入壶的简称，是我国古代士大夫宴饮时做的一种投掷游戏。我们可以使用塑料瓶、塑料管、橡皮泥制作简易投壶器材。该器材具有取材方便、成本低廉、实用有趣的特点，既可以让学生感受到传统体育游戏带来的乐趣，又可以发展学生的协调性、灵活性和专注力。

（一）制作准备

长约 30cm 的塑料管、橡皮泥、1.25L 以上的塑料瓶、透明胶带、剪刀或美工刀、沙子。

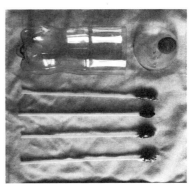

图 77-1

（二）制作方法

（1）箭的制作：取长约 30cm 的塑料管，一头粘上橡皮泥，并用透明胶带包裹。（图 77-1）

（2）壶的制作：用剪刀将塑料瓶瓶身上部的斜面剪掉。

（3）底座增重：在制作好的容器中装入适量沙子，增加底座稳定性。（图77-2）

图77-2

（三）使用方法

学生站于离壶一定的距离处，用手中的箭投向壶口。每人投若干支箭，最后以投中多者为胜。（图77-3）

（四）注意事项

（1）箭身可以用筷子、铁丝、细竹条等轻便长柱体物体制作。

（2）壶可以用空心毛竹、羽毛球筒、纸篓、塑料桶、铁制奶粉罐等制作。

图77-3

（3）若要壶体美观漂亮，可以在壶身刷彩色油漆或绘制各种学生喜爱的涂鸦。

（4）可在壶的底部装入一些重物，增强底座稳定性，防止倾倒。

七十八、纸球

学校里有大量被丢弃的废纸，我们可以利用废纸制作各种大小和重量的纸球。纸球具有制作简单、经济环保、使用安全的特点，不仅可以在体育课、大课间和课外体育活动中广泛运用，还可以作为一些球类的基础技术教学器材使用。

（一）制作准备

废纸、透明胶带。

（二）制作方法

（1）做芯：收集一些废纸，将每张纸独立揉成纸团。（图78-1）

（2）包裹：根据制作纸球的大小，先取若干张稍大纸张（作包裹皮），然后将若干纸团放于包裹皮上，并将纸团全部包裹在内。若制作的纸球较大，可边包裹边用胶带缠绕固定。

（3）封带：外面用胶带缠绕包裹，不要让纸漏出。（图78-2）

图78-1

图78-2

（三）使用方法

1. 投掷练习

（1）投掷物：用纸球代替实心球或垒球进行投远比赛。

（2）投准：①学生站在不同的距离处用纸球投掷悬挂的物体，看谁击中的次数多；②一组学生用纸球作炮弹，另一组学生为移动靶，看谁击中的次数多；③学生持纸球相距约10m相对站立，教师在中间拖动纸箱，学生依次向箱内投球，投球入箱多者获胜。

（3）各种抛接：可自抛自接；或者多名学生进行各种姿势（如胯下、蹲着等）的互抛互接，在抛出纸球后可做一些附加动作（如击手、拍腿、下蹲、转体等）；或者右手抛、左手接，锻炼学生的协调性。

2. 跳跃练习

（1）障碍物：将若干纸球按适宜间距摆放成一行，学生进行连续单脚跳跃或双脚跳跃练习。

（2）夹跳：①学生原地站立，两腿夹一纸球做连续向前跳或左右摆跳；②学生两人面对面或背对背夹住一个纸球，合作侧向跳跃，要求在活动中纸球不能落地。

3.接力跑练习

用纸球代替接力棒进行各种接力比赛，既安全又方便。

4.球类技术练习

将纸球制作成与足球（图78-3）、篮球、排球（图78-4）、橄榄球（图78-5）等球同样的大小和形状，并在最外层纸上绘制相应的球类图案及颜色，最后用透明胶带缠绕。完成后就可以进行相应球类的基础技术练习。

图78-3　　　　　　　　　　图78-4　　　　　　图78-5

5.拓展运用

（1）绳吊球：用一根约80cm长的细绳拴住一个纸球，就变成一个绳吊球，一手拉住绳子一端，用脚踢绳子拴住的纸球。

（2）大石块：用较多废纸制作一个直径在50cm以上的纸球，类似于一个大石块，学生进行滚动、搬运、翻越等练习。（图78-6）

图78-6

（四）注意事项

（1）为了美观，在封带之前，可在纸球表面绘制不同颜色或者足球、排球图案。

（2）由于全部用纸做的纸球重量相对较轻，可以在纸球的中间放置若干小沙包来增加纸球重量。

（3）若要制作比废纸重量轻的纸球，可以在纸球中间放置一些包装气泡（气柱）或海绵块。

七十九、木砖

木砖由木块制作而成，大小不一，具有制作简单、经济实惠、使用方便的特点，主要用于力量练习和跑跳走等趣味教学。

（一）制作准备

木块、切割机或钢锯、钢尺、粉笔或记号笔、刨刀、砂纸、彩色油漆。

（二）制作方法

（1）测量：根据需要的尺寸用钢尺对木块进行测量，并用笔画上标记。

（2）切割：用切割机或钢锯对标记木块进行切割。

（3）打磨：用刨刀、砂纸对切割好的木块棱角、毛刺进行打磨，以免伤人。

（4）上色：为了使木砖更美观，可以在木砖表面涂刷彩色油漆。（图79-1）

图79-1

（三）使用方法

（1）木砖哑铃：将木砖代替哑铃进行弯举、推举等各种力量练习，特别适合低学段学生使用。

（2）标志物：① 将木砖按照一定的间距放置在跑道上，学生跑过去用手触碰木砖后跑回，再次触碰起点的木砖，进行折返跑练习；② 将木砖摆在地上，学生进行各种跳跃练习。

（3）踏石过河：利用3块木砖循环向前摆放，学生踩在木砖上前进，直至终点。

（4）独木桥：将若干木砖头尾相连成一条独木桥，锻炼学生的平衡能力。

（四）注意事项

（1）为了使木砖能够长期使用，尽量不要将木砖放置在潮湿的地面上，避免其发霉腐烂。

（2）根据需要可制作各种规格的木砖。

（3）最好用废弃的木制长椅等废旧木材制作木砖，避免资源浪费。（图79-2）

图 79-2

八十、简易门球

门球是一种在平地或草坪上用木槌击球穿过球门的室外球类运动。一些学校因场地、经费等原因，无法开展该项运动。我们利用矿泉水瓶、竹竿和圆木制作的简易门球，不仅具有制作简单、经济实惠、使用便携等特点，还可以丰富学生的体育活动。

（一）制作准备

矿泉水瓶、包装带、直径约 4 ～ 6cm
的圆木、直径约 2cm 的竹竿、电钻、
强力胶、剪刀、沙子。

图 80-1

（二）制作方法

门球主要由球槌（含槌头和槌柄）
和球门组成。（图 80-1）

1. 球槌

（1）截取：截取长约 25cm 的圆木作槌头；截取长约 70cm 的竹竿作槌柄。

（2）打孔：用电钻在槌头中间打一个直径 2cm 的圆孔，用于固定槌柄。

（3）组合：将槌柄一侧插入槌头上打好的圆孔中，接口处用强力胶固定。

2. 球门

截取长约 25cm 的竹竿作门球横杆；然后用剪刀在两个矿泉水瓶的瓶盖上各
戳两个小孔，并用包装带连接门球横杆和瓶盖；最后在两个矿泉水瓶中装入适量
沙子，拧紧瓶盖即可。

（三）使用方法

（1）门球比赛：运用门球比赛规
则进行比赛，可将网球或垒球作为比
赛用球。

（2）打门：学生持球槌，对准球
门方向击球，成功将球击进球门即可
得分。（图 80-2）

图 80-2

（四）注意事项

（1）制作球槌时，可用 PVC 管代替竹竿。

（2）制作好的球槌要对毛刺进行打磨处理，以免划伤人。

（3）球槌的手柄上可用布条或厚胶带进行缠绕，让手柄的握感更舒适。

八十一、体操凳

体操凳是一种常用的体操辅助器材，多用于中小学体育课。体操凳不仅可以用来做各种坐、卧、撑、站立及特定动作，还可当作平衡木练习和力量练习的辅助器材。目前，市面上的体操凳的凳面多为复合板制作，重量轻，稳定性不好。为此，我们设计制作了一款纯实木体操凳。

（一）制作准备

厚 4 ~ 6cm 的实木、笔、卷尺、锯子、电钻、强力胶、小刀、砂纸。

（二）制作方法

体操凳由凳面和凳脚两部分组成。下面以制作一张长、宽、高分别为 2.2m、24cm、30cm 的实木体操凳为例，说明制作方法。（图 81-1）

图 81-1

（1）截取：根据要求用卷尺在实木上测量，用笔做好记号后，用锯子截取长 2.2m、宽 24cm 的实木 1 段，作为凳面；截取长 30cm、宽约 5cm 的实木 4 段，作为凳脚；截取长 22cm、宽约 3cm 的实木 2 段，作为 2 根凳脚之间的横档。然后用砂纸对木头表面进行打磨、抛光。

（2）开槽：用电钻在凳面两端相同距离处各开2个榫眼；用锯子在4个凳脚的一端开榫头；在4个凳脚上距离榫头一端约20cm处，用电钻各开1个榫眼；用锯子在横档的两端开榫头。榫头和榫眼的尺寸要相匹配。

（3）拼接：先将凳脚与固定横档进行组合；然后将组合好的凳脚与凳面进行组合。两个组合拼装后用强力胶固定拼接处，用砂纸打磨毛刺。

（三）使用方法

1. 平衡练习

（1）学生用各种走或跳的方式通过体操凳，发展其平衡能力。

（2）用作平衡木教学的辅助手段。学生可先在体操凳上做一些平衡木的动作，然后过渡到平衡木，以此消除其恐惧心理。

2. 力量练习

（1）根据能力的强弱，学生可用脚（手）置于体操凳上进行俯卧撑练习。

（2）学生仰卧在体操凳上，做杠铃的卧推练习，练习中注意保护与帮助。

3. 运球

将2张体操凳进行拼接，学生在体操凳上边走边运球（图81-2）；也可以人在体操凳一侧走、在体操凳上运球（图81-3）。这不仅可以增强篮球运球的趣味性，还可以增强学生的平衡感以及对球的控制能力。

4. 跑跳练习

学生采用双腿跳、单腿跳等方式跳过体操凳，或者绕着体操凳进行蛇形跑练习。

图81-2

图81-3

（四）注意事项

（1）为了美观，可给体操凳刷上油漆。

（2）为了安全，可在体操凳的4个凳脚和凳面的4个角上套上保护套。

（3）制作时，各部位的榫眼和榫头尺寸要一致，间距也要精准测量。

（4）在练习过程中，注意保护和帮助，如练习时可在体操凳两侧铺上体操垫。

八十二、百变尼龙搭扣

尼龙搭扣是由尼龙钩带和尼龙绒带两部分组成的连接用带织物，在衣服、鞋帽、箱包、沙发、窗帘等家居用品中广泛应用。根据尼龙搭扣易粘连、易分离的特性，我们巧妙地制作了百变尼龙搭扣（类似于搭积木的拼接游戏），通过想象与创意，利用不同规格及色彩的尼龙搭扣拼接出各种独具匠心的作品，特别适合在室内体育课中推广使用。

（一）制作准备

宽2～15cm、多种色彩的尼龙搭扣（含勾面和毛面），卷尺，缝纫机，剪刀。

（二）制作方法

选择宽度为2cm、3cm、4cm、5cm、6cm、7cm、8cm、10cm、12.5cm、15cm的尼龙搭扣各若干条（根据需要自行选择宽度），分别裁剪出5cm、10cm、15cm、20cm、30cm、50cm的长度（其他长度可拼接），然后将相同规格、相同色彩尼龙搭

图82-1

扣的勾面和毛面背对背对齐，用缝纫机缝合即可。（图82-1）

（三）使用方法

1.创意拼接

结合自己的想象和创意，将缝合好的不同规格、不同色彩的尼龙搭扣拼接成各种形状，如提包（图82-2）、台灯（图82-3）、铅笔（图82-4）、热气球（图82-5）、服饰（图82-6）等。学生分组进行比拼，看哪组的作品最有特色。

图82-2　　　　　　　　　图82-3

图82-4　　　　　　图82-5　　　　　　图82-6

2.抓尾巴

两人各拿一条尼龙搭扣紧扣在腰间，然后再选择5～8根长度约20cm的尼龙搭扣，将其一端粘在腰间的尼龙搭扣上，作为尾巴。游戏开始后，在规定时间内，抓到对方尾巴数量多者获胜。（图82-7）

图82-7

3.撕名牌

学生平均分成两组，每人拿一条尼龙搭扣紧扣在腰间，用白板笔将自己姓名写在光滑粘扣带上，作为名牌，然后贴在背后的尼龙搭扣上。游戏开始后，在规定时间和区域内，双方在不伤害对方的情况下，想方设法地撕掉对方的名牌，名牌被撕即被淘汰。游戏结束后，哪组剩下的人数多，即获胜。（图82-8）

图82-8

4. 两人三足

学生两人一组，并排站立，用尼龙搭扣将两人的内侧脚绑在一起。游戏开始后，两人并肩合力，最先完成规定距离的组获胜。同样方法，可增加游戏人数，变成"N人N+1足"游戏。

（四）注意事项

（1）制作时，可选择不同宽度、不同颜色的尼龙搭扣，增加创作的可能性。

（2）不用时要将尼龙搭扣整理好，分类叠放保存，以便下次使用。最好将尼龙搭扣存放在阴凉干燥处，避免高温条件下尼龙搭扣老化而影响使用寿命。

八十三、号码布数字模板

在学校举行运动会期间，经常会出现号码布丢失的现象，导致运动员无法正常检录和参赛。一般情况下，教师或运动员会找张纸或空白号码布临时写上号码充当号码布，但纸张易破，手写数字也不美观，不是长久之计。为此，事先制作一个数字模板，利用空白号码布和红色喷漆便可快速制作号码布。

（一）制作准备

胶片（如透明PVC塑料片、CT胶片等）、记号笔、美工刀、剪刀、红色喷漆、空白号码布或白布。

（二）制作方法

1. 制作数字模板

首先在10张胶片上用记号笔分别将"1、2、3、4、5、6、7、8、9、0"10个数字框架描绘下来，或者用电脑将数字打印出来对应描绘到胶片上，然后用剪刀和美工刀沿边把数字抠剪下来，使胶片上呈现出一个镂空的数字。（图83-1）

2. 准备空白号码布

将白布裁剪成约26cm×16cm的长方形（大小与学校原号码布相同），四边进行包边或锁边处理，避免布块出现散边。

3. 喷漆

找到缺失号码布的相应数字模板，按需要将数字幻灯片放在空白号码布相应的位置上，号码布露出部分用报纸或纸板遮挡，然后用红色喷漆往上面轻轻喷洒即可。图83-2为喷制中，图83-3为成品。

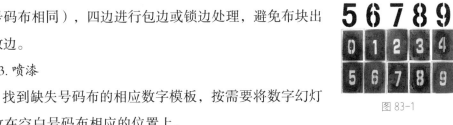

图83-1

图83-2　　　　　　　图83-3

（三）使用方法

在比赛过程中用别针将号码布别在运动员的胸前或背后位置。

（四）注意事项

（1）空白号码布除了自己裁剪白布进行制作外，也可提前在网上直接购买空白尼龙号码布备用。

（2）喷漆不要太厚，否则容易脱落，也不美观，且会影响号码布的使用寿命。

（3）数字模板上的数字大小与字体要与学校原号码布上的数字规格相同。

（4）数字模板要在运动会前期准备过程中制作好，便于运动会期间为丢失号码布的运动员当场快速制作。

（5）在使用过程中，不要将数字模板的幻灯片叠放，以免黏合；在使用结束后，先将每张数字模板的幻灯片独立晾干，待油漆完全干透后，分别夹于废旧杂志中存放，以便下一次使用。

八十四、模拟火炬

火炬，又称火把，是一种用来照明和传递火种的工具。传统火炬是在木棒一端绑上易燃的物品（如浸有油脂或沥青的旧布）。火炬传递已经成为庆祝奥运会开幕的一项重要活动，象征着希望与光明、启蒙与奋进，体现了火炬传递的庄严和神圣感。我们可以让学生通过传递火炬，了解它蕴含的意义。但是，传统火炬有一定的安全隐患，我们可以利用接力棒、塑料瓶和红布制作模拟火炬供学生使用。模拟火炬具有取材方便、制作简单、形象逼真的特点，既可以满足学校各种火炬接力比赛的需要，又可以传播奥运知识。

（一）制作准备

接力棒、1.25L 塑料瓶、卡纸或三合板、红布、钉子或螺丝、卷尺、记号笔、榔头、螺丝刀、剪刀、胶带。（图 84-1）

（二）制作方法

模拟火炬由手柄、瓶身（外壳）、红布（火焰）、固定盘组成。

（1）固定盘：用记号笔在卡纸或三合板上画一个直径 8 ~ 8.5cm 的圆圈（图 84-2），然后用剪刀沿轮廓剪成一个圆形。

图 84-1

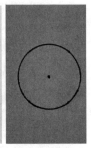
图 84-2

（2）瓶身（外壳）：用剪刀在离瓶底约8cm处将瓶底剪掉（最好剪成波浪形），再剪掉瓶口。（图84-3）

图84-3

（3）手柄和固定盘组合：将固定盘居中立放在接力棒的上端，然后用钉子固定在接力棒上。（图84-4）

（4）手柄、固定盘和红布组合：取一块红布对折整齐，取中心位置放于固定盘中心处，用钉子或螺丝固定。（图84-5）

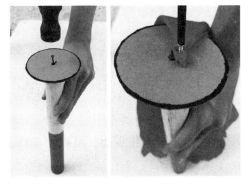

图84-4　　　　　图84-5

（5）手柄和瓶身组合：将接力棒没有固定盘的一端由内向外穿过瓶口（图84-6），直至固定盘顶住瓶身内壁，然后用钉子或螺丝将瓶口固定在接力棒上（图84-7）。

（6）修理：用剪刀修剪红布（图84-8），让它看上去更像燃烧的火焰；用胶带将瓶口与接力棒连接处缠绕密封，这既能增加牢固性，又能防止被剪切口的毛刺和固定钉划伤。

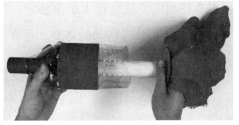

图84-6

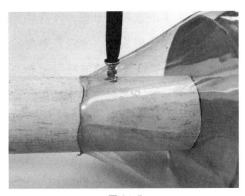

图84-7

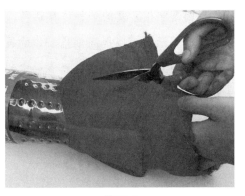

图84-8

（三）使用方法

模拟火炬可用于各种火炬接力跑，火炬手在奔跑中要高举火炬，让火焰部分高过头部，手柄和手臂尽量处于垂直状态，想象它就是一把正在熊熊燃烧的火炬。（图84-9）

图84-9

（四）注意事项

（1）在接力棒穿过瓶口时，若固定盘无法装入瓶身，可在瓶身处剪一小口，让固定盘能装入瓶身为止。

（2）根据制作需要，可以用300mL、500mL、2L的塑料瓶制作成各种规格的火炬。

（3）接力棒可以用直径约3cm的圆木棒代替，圆木棒直径最好与使用的瓶口直径相同，这会让火炬更稳定。

（4）根据教学活动的需要，可在火炬瓶身上贴上各种标识，如队名、城市名、国家名等。

八十五、钻圈架

钻圈是学生喜爱的一种体育活动，也是我们日常生活中较实用的一种身体技能。钻爬等活动可以提高学生动作的灵敏性、柔韧性和协调能力。常规配备的钻圈架为铁质材料制作而成，具有一定的安全隐患。为此，我们用废弃呼啦圈和长木板制作了钻圈架。该器材具有简单、安全、实用的特点，可用作日常钻圈架游戏器材和标志物等。

（一）制作准备

废弃呼啦圈，厚度 5cm、长 40cm、宽 20cm 的长板，小榔头，电钻，美工刀，记号笔。

（二）制作方法

钻圈架由圆形呼啦圈和底座长板两部分组成。下面以制作一个长 40cm、宽 20cm 的便携式钻圈架为例，说明制作方法。（图 85-1）

（1）打孔：用电钻在离木板两端约 5cm 处各钻两个约 15° 的斜孔（要钻透），电钻头外径与呼啦圈外径要一致。

（2）组装：将断开的呼啦圈的两端分别插入长板两个斜孔里，并做适当的固定，这样便捷式钻圈架就制作完成了。

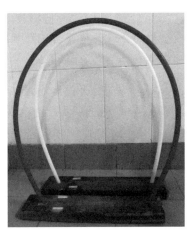

图 85-1

（三）使用方法

（1）钻圈架游戏：用于发展低学段学生的灵敏素质，学生在游戏中随心所欲，创造自己喜爱的钻圈方式，发展创造性的同时，也能增强自信心，促进身心发展。

（2）标志物：可作为低学段学生毛毛虫爬行的山洞，也可作为小足球门，等等。

（四）注意事项

（1）尽量选用废弃材料进行制作，避免资源浪费。

（2）呼啦圈可大可小，长期不用时，可以将呼啦圈从底板孔眼拨出来分类保存。

（3）若要连接处更加牢固，可以用一小节圆木插入底板下面呼啦圈的孔眼中，并适当敲打牢固，然后削去留在外面的木头，用同样方法固定另一个孔眼；也可以直接用强力胶固定底板的孔眼。

八十六、移动式轮胎山羊

跳山羊是体操支撑跳跃项目之一，该项目既能锻炼身体，又能培养学生果断决事的能力。在传统体育教学中，教师可以用体育器材山羊或自做山羊来进行跳跃练习。为充分开发和利用体育课程资源，一些学校将汽车轮胎固定（一般采用地埋浇筑）在学校操场边角地带作为山羊器材，深受学生的喜爱，但其不便于拆卸移动，一旦拆卸就会破坏地面。为此，我们利用角铁、扁铁条、多层板制作了移动式轮胎山羊，随用随搬，可拆可拼，方便快捷，既解决了地埋式山羊不易拆卸的难题，又丰富了学校体育器材，更好地服务于体育课堂教学和课余训练。

（一）制作准备

外直径 75 ~ 120cm 的废旧汽车轮胎，3cm×3cm 角铁，厚约 3mm、宽 15mm 的扁铁条，厚约 1cm、宽长约 90cm×180cm 的多层板，直径 6mm 的防松螺栓及螺母，锯子，电焊机，电钻，记号笔，砂轮，油漆。

（二）制作方法

移动式轮胎山羊由轮胎、支架和底板三部分组成。下面以制作一个外直径 105cm 的轮胎山羊为例，说明制作方法。

（1）轮胎：废旧汽车轮胎经过长期的行驶，磨损厉害，表面污垢严重，为此，制作前需先清理卡在轮胎上的杂物（如小石子、小玻璃、小铁屑、小铁钉等），然后用水清洗干净。

（2）支架：取 2 根长为 156cm 的 3cm×3cm 角铁，在离两端各 38cm 处弯曲，让角铁形成"\‾‾/"形（以刚好放进轮胎为准）。取 4 根长 20cm 的扁铁条制作宽边和底部横档，2 根长 95cm 的扁铁条制作长边横档。将 4 根宽边横档分别焊在 2 根角铁的底部和侧边，2 根长边横档焊在角铁开口处，让支架整体形成倒梯形台。（图 86-1）

（3）打磨上漆：先用砂轮打磨支架上的切口和毛刺，然后刷上银色油漆，放于阴凉处自然晾干。

（4）组合：在油漆干透的倒梯形台支架底部的 4 个角铁处各打一个圆孔（用来固定螺栓），然后将支架横放在多层板上（支架底部角铁离多层板的边约 20cm，居中放置），最后用防松螺栓和螺母将支架固定在多层板上，这样移动式轮胎山羊就制作完成了。（图 86-2）

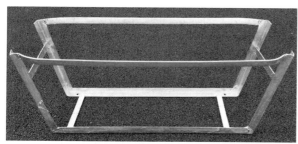 

图 86-1   图 86-2

（三）使用方法

将轮胎、支架和底板搬运到教学场地，用防松螺栓和螺母将支架固定在底板上，然后将轮胎放入支架开口处，让轮胎卡到位，在长底板（落地区）处放上体操垫，在短底板（踏跳区）前放置助跳板（图 86-3），就可以进行跳山羊练习了（图 86-4）。练习结束后，取下轮胎，将支架与底板分离搬回器材室。

图 86-3   图 86-4

（四）注意事项

（1）为了保证移动式轮胎山羊支架与轮胎的紧密性和稳定性，要根据不同型号的轮胎，量身制作支架。

（2）支架做成倒梯形台，高度一般为轮胎外径的2/5；支架上口长度就是轮胎放入支架2/5处的弦长；支架上口宽度一般比胎宽微小，以保证轮胎能卡得紧密。

（3）为保证轮胎的紧密性和稳定性，支架上口长边横档两端弯成弧形，与轮胎侧面弧度相似。（图86-5）

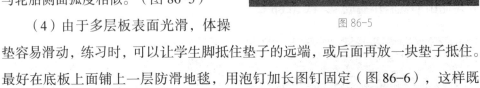

图86-5

（4）由于多层板表面光滑，体操垫容易滑动，练习时，可以让学生脚抵住垫子的远端，或后面再放一块垫子抵住。最好在底板上面铺上一层防滑地毯，用泡钉加长图钉固定（图86-6），这样既美观又实用。

（5）为了保证移动式轮胎山羊的稳定性，支架固定在底板一端约20cm处，短底板作为踏跳区，长底板作为落地区，这样形成长支点，确保学生两手支撑轮胎时不会产生翻倒现象。

（6）为了让学生更明确跳山羊撑手的位置，也可在轮胎上的撑手位置绘制上手印。

图86-6

八十七、纸棒

在体育教学中，接力棒、体操棒是一种经济、实用、多功能的器材。我们可以利用废旧报纸、挂历制作各种规格的纸棒来替代接力棒、体操棒。纸棒具有制作简单、经济环保、使用安全的特点，既能丰富体育课堂教学器材，又能锻炼学生的动手能力。

（一）制作准备

废旧报纸或挂历、透明胶、剪刀、彩笔、胶带（如透明胶带、彩色胶带、激光胶带等）。

（二）制作方法

（1）卷棒：收集一些废旧报纸或挂历，将废旧报纸或挂历从长边开始卷，一层层把纸卷紧卷实，最后卷成直径 1 ~ 3cm、长 50 ~ 90cm 的纸棒。（图 87-1）

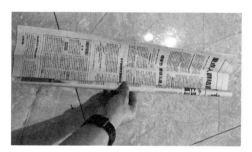

图 87-1

（2）封带：根据需要，选用透明胶带、彩色胶带、激光胶带进行缠绕，不要让纸露出。（图 87-2）

图 87-2

（三）使用方法

1. 投掷练习

利用纸棒进行掷远、掷准、各种抛接等练习。

2. 跳跃练习

按一定的间距将纸棒摆放在地面，学生进行各种形式的单脚跳跃或双脚跳跃练习。

3. 跑的练习

利用纸棒代替接力棒进行接力比赛；利用纸棒进行扶杆换位游戏。

4. 体操、武术项目的练习

利用纸棒代替体操棒进行顶棒、支棒、抬棒、跳棒、棒操等练习；利用纸棒进行剑、短棍等武术项目的练习。

（四）注意事项

（1）根据需要，纸棒可制作成实心棒或空心棒，粗细长短不一，但外面需要用胶带粘贴完整。

（2）可以在纸棒表面画上自己喜欢的颜色和图案，再贴上透明胶带。

八十八、健身拉拉球

利用矿泉水瓶和跳绳制作的健身拉拉球，具有取材方便、制作简单、实用有趣等特点。它类似于健身溜溜球，既能锻炼学生的协调能力和合作意识，又能丰富学校的体育器材。

（一）制作准备

1.25 ～ 5L 矿泉水瓶、带手柄跳绳、剪刀、电烙铁。

（二）制作方法

（1）打孔：用电烙铁在矿泉水瓶底部的正中心烫出一个直径约为2cm的圆孔。（图88-1）

（2）组装：先将两根跳绳一端的手柄拆下，再将绳头从矿泉水瓶底部的圆孔穿入（图88-2），绳头从瓶口穿出后将其重新穿回手柄固定（图88-3）。

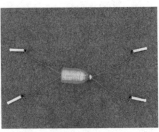

图88-1   图88-2   图88-3

（三）使用方法

1. 两人站姿练习

学生两人一组，面对面站立，手持健身拉拉球的跳绳手柄。两人交替做水平开合（图88-4）或垂直开合（图88-5）动作，让中间的矿泉水瓶在两根跳绳上往返滑动。也可以两人背对背站立（图88-6）或同向站立（图88-7）进行练习。

图88-4　　　　　　　图88-5　　　　　　　　图88-6

2. 两人坐姿练习

学生两人一组，面对面坐在草坪上。将健身拉拉球上的跳绳两端手柄拆下，跳绳两端分别系于两人的左右脚，两人身体呈坐撑姿势（两手撑在身体两侧地面），然后两人抬起两脚在空中交替做水平开合或垂直开合动作，让中间的矿泉水瓶往返滑动。（图88-8）

图88-7

3. 单人练习

将健身拉拉球一端手柄固定在高于头部的适当位置（另一端手柄在胸部位置），学生手握健身拉拉球另一端手柄做水平开合或垂直开合动作，让矿泉水瓶上下滑动。（图88-9）

图88-8

（四）注意事项

（1）练习时，手握在跳绳手柄上，以防被矿

图88-9

泉水瓶打到而受伤。

（2）若没有带手柄跳绳，可以用无柄跳绳或其他牢固绳子代替，在绳头打出直径约2cm的环形绳套作阻挡环，用以练习时阻挡矿泉水瓶打到手。

（3）单人练习时，固定端高度越高，中间矿泉水瓶的回落速度越快，上升的发力也要越大，为此，要结合学生的身体条件和练习熟练度调整固定高度。

（4）使用电烙铁时要小心，以防烫伤。

八十九、绑腿带

绑腿带主要是在两人三足、三人四足等合作跑项目中使用，该类项目是凝聚团结、信任、互动的寓教于乐的游戏。特别是2006年开始的全国"阳光伙伴"绑腿跑挑战，大大提升了该项目的知名度。至今，该项目还风靡全国中小学，深受师生喜爱。为此，我们动手制作了绑腿带，这既满足了师生活动需要，又补充了学校体育器材。

（一）制作准备

根据制作材料和方法，绑腿带可分为打结型绑腿带和搭扣型绑腿带两种。

（1）打结型绑腿带准备材料：废弃广告横幅（旧窗帘）、剪刀、缝纫工具。

（2）搭扣型绑腿带准备材料：宽5～10cm的松紧带、宽5～10cm的尼龙搭扣（含钩面和毛面）、剪刀、缝纫工具。

（二）制作方法

1.打结型绑腿带

将废旧广告横幅或旧窗帘剪成长

图89-1

80～100cm、宽约10cm的布条（图89-1）。为了更加美观漂亮，可以将裁剪好的布条沿长边对折，然后沿一宽边和长边缝合（布条整体呈长口袋状）；接着，从还未缝合的宽边处由内向外翻，也就是缝合面翻到口袋里面，最后将剩余的宽边缝合（图89-2）。

图89-2

2. 搭扣型绑腿带

将同宽的松紧带、尼龙搭扣（含钩面和毛面）各剪成长约40cm和8cm，然后将钩面和毛面分别缝在松紧带的两端（不在同一面上，否则不能正常粘连）。为了使尼龙搭扣缝合得更加牢固，除了四周缝合外，还要进行对角十字交叉缝合。（图89-3）

图89-3

（三）使用方法

1. 绑腿游戏

（1）两人左右并列站立，将打结型绑腿带采用打活结方式直接系在两人内侧脚的脚踝处。

（2）两人左右并列站立，将搭扣型绑腿带先围在两人内侧脚的脚踝处，然后适当拉长松紧带制作的绑腿带，将两端的钩面和毛面互搭粘连。

（3）可安排两人三足、三人四足……，直到变成"N人N+1足"练习。（图89-4）

2. 拓展游戏

利用绑腿带（特别是打结型绑腿带）进行抓尾巴（图89-5）、接力跑（图89-6）、盲人摸象（图89-7）等游戏。

图89-4　　　　　　图89-5　　　　　　图89-6　　　　图89-7

（四）注意事项

（1）绑腿带还可以用跳绳、尼龙绳、长筒袜或者废旧衬衫等物品制作。

（2）用宽 10cm 的松紧带和尼龙搭扣制作的绑腿带使用舒适度和安全性更好。

（3）打结型绑腿带在发力不均时，容易摔倒，因此绑腿时不宜过紧，不要打死结。

（4）为了便于收纳，可在绑腿带上编号，按照编号将同组的绑腿带捆在一起，以便再次使用。

九十、木制倒立架

用木材制作的倒立架，具有取材方便、制作简单、轻巧便携、实用多能的特点，既能服务体育课堂教学，又能满足课外锻炼及训练的需求。

（一）制作准备

4cm×4cm 木条、5cm×10cm 木条、卷尺、锯子、刨刀、砂纸、电钻、木材胶水、刷子、榔头、铅笔。

（二）制作方法

倒立架由木托和手把组成。下面以制作一个倒立架为例，说明制作方法。

（1）截取：用锯子截取 2 根长 30cm 的 5cm×10cm 木条（作木托），截取 1 根长 40cm 的 4cm×4cm 木条（作手把）。

（2）打磨：先用刨刀将木条刨光、去除棱角，再用砂纸打磨毛刺。

（3）开孔：用电钻在木托中间开 4cm×4cm 孔眼，用于固定手把。

（4）组合：首先取木材胶水分别涂于手把两端和木托孔眼处；然后将手把两端分别嵌入 2 个木托孔眼中，保持 2 个木托对称；最后将手把嵌入木托孔眼凸

出部分的木料锯平。（图 90-1）

图 90-1

（三）使用方法

（1）标志物、障碍物：可运用于田径跨跳、篮球运球变向、足球绕杆（图 90-2）等练习。

① 跳跃练习：学生连续跳过间隔 50cm 左右的多个倒立架。（图 90-3）

② 跑节奏练习：间隔 50 ~ 80cm 连续摆放 8 ~ 10 个倒立架，学生依次从 2 个倒立架之间的空当做连续半高抬腿跑。（图 90-4）

（2）力量练习：可做高低位俯卧撑（图 90-5）、手足爬行、仰撑等力量练习。

（3）双杠练习：可用于双杠支撑后摆转体 180° 成分腿的地上辅助练习，两手支撑于倒立架上，经俯撑后，体验转体分腿绞剪动作。（图 90-6）

图 90-2　　　　　图 90-3

图 90-4

（4）倒立练习：可练习贴墙倒立或有人帮扶的倒立。（图 90-7）

图 90-5　　　　　图 90-6　　　　　图 90-7

（5）木板凳：将倒立架一侧木托平面立于地上，就变成一张临时木板凳。（图90-8）

（6）丈量木托：可用于铅球、铁饼等投掷项目的丈量木托。（图90-9）

图90-8

图90-9

（四）注意事项

（1）根据需要制作不同大小的倒立架。

（2）木把可以制作成直径约3.2cm的圆柱状，可以直接选用铁锹把、锄头把的圆木棒。

（3）可给倒立架涂上各种颜色的油漆，使其更美观。

九十一、体育教学头饰

情境教学追求的是让学生融入情境，自觉、主动地投入学习，激发与强化学生的学习动机，从而有效达到教学目标；情境教学是针对小学中低段学生的身心特点，使教学内容富有生活化、游戏化。为此，我们利用生活物品制作了体育教学头饰，将各种各样的角色绘制在头饰上，将头饰用于情境教学，使学生更好地融入情境，从而激发其兴趣，提高其学习效率。

（一）制作准备

卡纸、彩笔、剪刀、双面胶、松紧带、订书机。

（二）制作方法

图91-1

体育教学头饰由图案、固定纸条和松紧带三部分组成。（图91-1）

（1）绘制：在卡纸上绘出学生喜欢的动物形象或动漫角色，并上色。

（2）裁剪：在卡纸上沿着轮廓将图案剪下（图91-2）；剪取一段 4cm×30cm 的卡纸作固定条，截取 2 根长约 30cm 的松紧带。

（3）组合：将图案用订书机或双面胶粘贴于固定纸条正中间，用订书机将松紧带订在固定纸条两端（图91-3）。

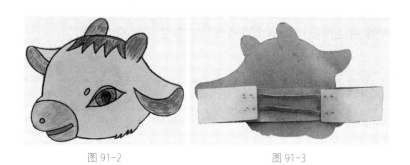

图 91-2　　　　　　　　　　　　　　图 91-3

（三）使用方法

（1）情境教学：教师和学生将制作好的各种动物、卡通人物等头饰戴在头上，进行相关的情境教学或奔跑类游戏。

以游戏"聪明的喜羊羊"为例：在场地上画区域作为"羊村"，教师担任"羊村长"，手拉着"灰太狼"（指定一名学生担任），其余学生为"羊群"，大家都戴上相配套的角色头饰。游戏开始后，学生在"羊村"前方区域玩耍，学生（喜羊羊）边玩边问："喜羊羊，真聪明，什么事情都能做，请问亲爱的羊村长，我能做点啥？"教师（羊村长）答道："做蹲起 5 个。"学生立即原地做 5 个蹲起。随后，教师（羊村长）择机放开"灰太狼"去抓"羊"。被抓住学生与其交换角色后继续游戏。（图91-4）

图 91-4

建议：① 教师安排的动作要简单易行，便于计数，以原地动作为宜，不能过于复杂，如安排高抬腿、开合跳、俯撑拍肩、后踢腿跑、胯下击掌等动作；② 教师放开"灰太狼"时间要根据离"羊群"的距离和做动作的时长来决定，一般在动作快要结束时放开"灰太狼"，"灰太狼"要全力去抓，而"羊群"要全力逃跑才能避免被抓。

（2）拓展运用：可以在头饰上增添数字、文字、颜色、天文地理知识等内容。例如，学生头上分别戴着 1 ~ 6 的数字头饰在规定区域内慢跳或玩耍，当听到教师喊出的数字时，学生要根据自己头上的数字与其他同学抱团组成教师所喊的数。在倒计时结束后还没抱团的学生或者抱错的学生接受游戏惩罚。

（四）注意事项

（1）可以用鸡眼扣或缝线代替订书机，既牢固又美观。

（2）头饰固定纸和松紧带长度要根据使用者头部周长来确定。

（3）进行学科融合，让学生利用美术课或劳技课时间自行制作头饰，培养学生的动手能力。

九十二、跳远丈量器

中小学校跳远比赛需要用皮尺丈量成绩，裁判员在测量时需要经常弯腰下蹲，十分不便。因此，我们设计了一款用皮尺和竹竿制作的跳远丈量器。该器材具有制作简单、经济实惠、使用便携的特点，在跳远比赛的丈量中省时省力、快捷高效。

（一）制作准备

竹竿（直径 1 ~ 2.5cm、长度 150cm）、电钻、铁丝、皮尺、砂纸、钢丝钳。

（二）制作方法

跳远丈量器由皮尺和竹竿组成。下面以制作一个跳远丈量器为例，说明制作方法。

（1）打孔：在竹竿较细的一端约 5cm 处用电钻打孔。

（2）组合：将铁丝穿过小孔与皮尺组合在一起，尽可能将铁丝扎紧。（图 92-1）

（3）打磨：为避免竹竿毛刺和铁丝将手划伤，用砂纸将其打磨光滑，用钢丝钳将铁丝头夹至不外露。

图 92-1

（三）使用方法

在跳远比赛中，裁判员明确运动员落点，将竹竿固定卷尺的一段插入沙坑中留下的最近痕迹处进行丈量（图 92-2），这样就可避免弯腰下蹲丈量，极大方便了裁判员的丈量工作。

图 92-2

（四）注意事项

（1）在组合时，将 0 刻度线和竹竿端零距离组合，避免丈量过程中出现误差。

（2）丈量时，要将竹竿插入沙坑留下的最近距离点作为丈量点。

（3）跳远丈量器适用于跳远、立定跳远和三级跳远的成绩测量。

（4）若长期不用，可以将竹竿与皮尺拆分，下次使用时再进行组合。

九十三、信号旗

信号旗通常用于田径、足球、排球等比赛中，可用于发令、联络、裁判、警示和接力等，有红、白、黄、绿、蓝等多种颜色。我们用彩旗、竹竿或 PVC 管自制的信号旗，具有制作简单、经济实惠的特点，给中小学体育教学与比赛带来了便利。

（一）制作准备

50cm×70cm 红彩旗、外径 16 ~ 35mm 的 PVC 管或竹竿、剪刀、锯子、胶带。（图 93-1）

（二）制作方法

下面以制作一面 35cm×50cm 的红色信号旗为例，说明制作方法。

（1）裁剪：将 50cm×70cm 红彩旗沿纵向对折，用剪刀沿对折处剪开，将红彩旗一分为二；将 PVC 管或竹竿截成 50cm 长作旗杆。

（2）组合：将 PVC 管或竹竿套进彩旗的旗杆套，上、下开口处用胶带缠绕固定（图 93-2），这样一面信号旗就制作完成了（图 93-3）。

图 93-1　　　　　　　　　图 93-2　　　　　　　　图 93-3

（三）使用方法

（1）发令：发令旗没有颜色之分，可用任何颜色的旗帜作发令旗。

（2）联络：在正规径赛比赛中，检查主裁判以旗语与终点裁判长和检查裁判员联络。起点和终点联络的旗分红旗和绿旗两种，红旗说明还没准备好，绿旗说明已经准备好，可以发令。在中小学比赛中，为了便捷，一般使用一面红旗。

（3）裁判：在跳跃项目比赛中，通常一名裁判员手中持有红、白旗帜各一面，用来示意运动员试跳是否成功。举红旗表示试跳失败，成绩无效；举白旗表示试跳成功，成绩有效。

（4）警示：红旗代表犯规、越线；白旗代表符合比赛规则；黄旗代表检查裁判员觉得有人犯规，向主裁判示意；绿旗代表检查完毕。

（5）接力：信号旗代替接力棒，在接力跑时要求学生手握旗杆，并使彩旗竖立。

（四）注意事项

（1）根据需要可做成大小不一、颜色各异的信号旗。

（2）由于旗帜是用涤纶布料制作的，因此需要定期清洗，防止发霉。

（3）存放时，建议把旗面绕着旗杆卷起，以免旗面褶皱影响美观，且便于存放。

九十四、简易记分牌

记分牌是比赛或练习时用来记录比赛双方得分的器材。目前，普通记分牌（非电子记分牌）有台式和立式两种。台式记分牌市场价在 30 ~ 50 元，立式记分牌市场价在百元以上。教育经费充裕的学校可以从市场上购买，而一般的基层学校，特别是农村和偏远地区学校也可以自己动手制作。我们利用废旧生活物品自制的简易记分牌，制作简单，成本低廉，经过实践使用，效果较好。

（一）台式记分牌

1. 制作准备

废旧台历、白纸、剪刀、胶水、电脑和打印机、卷尺。

2. 制作方法

（1）剪切：将台历历表页用剪刀横向四等分。

（2）数字号码打印：先测量出被剪成四等分历表纸的长与宽，然后根据其大小在电脑中设计适宜的阿拉伯数字，每个数字复制 4 份。为了便于区分两队（人）的得分情况，每个数字两两对分设计成实心和空心两种，最后打印在白纸上。

（3）粘贴：将打印好的数字纸，按事先剪开的四等分历表纸大小分别一一剪出，然后按 0 ~ 9 的顺序分别贴在台历四等分历表纸上。（图 94-1）

图 94-1

3. 使用方法

台式记分牌主要适用于乒乓球、羽毛球等比赛的记分。

4. 注意事项

（1）如果一本台历制作成记分牌偏小，可用两本台历组合，制作方法一样。

（2）可以在台历封面打印贴上"友谊第一，比赛第二"等字样。

（3）台历可用线圈笔记本或挂历代替。

（4）可以直接用排笔蘸颜料在纸上写数字。

（二）立式记分牌

立式记分牌由支架、队名（单位）板、分数杆、计分布和局数布组成。

1. 制作准备

木板，木条，废旧广告布，黑油漆，刷子，红、黑不干胶纸，剪刀，电脑和打印机，铁钉，螺丝。

2. 制作方法

（1）支架：用木条做成一个高为 170cm 的四角底座木架。（图 94-2）

（2）队名板：将木板锯成 15cm×90cm 的长方形，表面刨光后，用黑色亚光漆刷上多遍。（图 94-3）

（3）分数杆：取一段 105cm 长的木条。

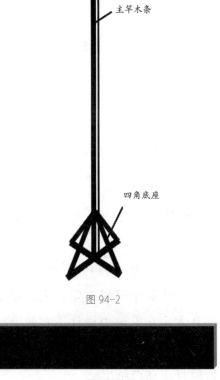

图 94-2

图 94-3

（4）计分布：将废旧广告布剪成 20cm×30cm 的长方形 40 块，然后根据数字布大小在电脑上设计并打印上数字 0～9，将红、黑不干胶纸剪成比数字略大的长方形，然后用每个数字纸作母版，将每色两张广告纸附在每个数字纸后，并用订书机沿数字四周订牢，其他数字采用同样方法处理，接着用剪刀沿数字边沿剪开，最后将剪出的数字不干胶纸 0～9 分别贴在广告布上。

（5）局数布：将废旧广告布剪成 10cm×16cm 的长方形 10 块，方法同上，将印有数字 0～4 的红、黑不干胶纸贴在广告布上。

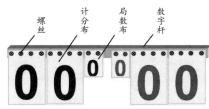

图 94-4

（6）分数杆和计分布组合：先将红（黑）色 0～9 分的数字布整理好，然后将红（黑）色的计分布和局数布分别用螺丝固定在分数杆两端，计分布在外，局数布在内。（图 94-4）

（7）整体组合：先将队名板用钉子居中固定在支架的主杆木条上端，同样，将附有计分布的分数杆也居中固定于离队名板下沿 20cm 左右的主木条上。图 94-5 为演示图，图 94-6 为实物图。

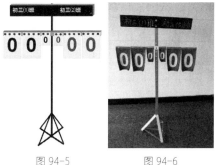

图 94-5　　　　　图 94-6

3. 使用方法

立式记分牌主要适用于篮球、排球等比赛的记分。

4. 注意事项

（1）基层学校的记分牌只要四位数就可以满足使用，另外加上两位局数。

（2）木板、木条可用废旧书桌代替，木条也可使用装潢木条。

（3）广告布可用废旧雨衣、人造革等代替。

（4）用螺丝固定数字布的最上沿，最后用垫圈、铁皮或薄木片压住。

（5）数字可以网购不干胶数字贴纸。

（6）支架的底座可用废旧方凳代替，为增加稳固性，支架可用方铁或角铁焊接而成，然后在方铁中心处（作主杆）钻圆孔，将队名板、分数杆用螺杆固定在主杆上。

九十五、平沙器

用木板、方木条和圆木棒制作的简易平沙器，具有制作简单、经济实惠、使用方便的特点，用于在跳远、立定跳远和三级跳远教学或比赛中平沙、推沙。有条件的学校还可以使用不锈钢、铝合金制作平沙器，既美观，又牢固耐用。

（一）制作准备

1.5 ~ 2.0cm 的木板、直径约 3cm 的圆木棒、约 3cm×4cm 方木条、卷尺、锯子、铁钉、铁锤、砂纸、记号笔。

（二）制作方法

平沙器由推沙板、手柄和支撑条组成。下面以制作一个木质平沙器为例，说明制作方法。

1. 截取

推沙板：将木板锯成 60cm×15cm 的长方形作为推沙板。

手柄：将圆木棒截取长约 150cm 作为手柄。

支撑条：将方木条截取 2 根长约 30cm，然后用锯子将两端分别锯成 45°作为支撑条。（图 95-1）

2. 标记

在推沙板上标出中心点 O，在离中心点 20cm 处标记 A、B 两点，此两点用于固定支撑条。（图 95-2）

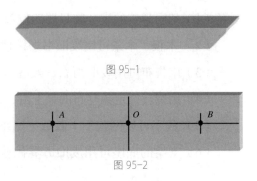

图 95-1

图 95-2

3. 组合

将手柄一端居中放于推沙板中心点 O，用铁钉固定（铁钉从推沙板下面往上钉），接着把两根支撑条的一端分别放于 A、B 两处，另一端靠于手柄，让支撑条与推沙板组成一个等腰三角形，最后用铁钉固定。图 95-3 为效果图，图 95-4 为实物图。

图 95-3　　　　　　　　图 95-4

4. 打磨

为了避免木条上的边角或毛刺将手划伤，把手柄、推板和支撑条用木工刨刀刨平或用砂纸打磨光滑。

（三）使用方法

练习者完成跳远离开沙坑或丈量成绩后，推沙者手持平沙器从脚印前方向后推平，覆盖脚印后，再使用平沙器将沙坑内的沙子推至平整，确保沙坑内的沙子平整、美观。

（四）注意事项

（1）若条件允许，可将木质推沙器做成铁质推沙器，一般将木手柄换成圆空心铁管或不锈钢管，支撑条用方铁，采用焊接固定，然后

图 95-5　　　　　　　　图 95-6

将木底板固定在支撑架上即可（图 95-5、图 95-6）。

（2）木板要使用实木板，不建议使用人造板，以增加牢固性，延长使用寿命。

（3）手柄要安装在推沙板正中间，为了确保牢固和稳定必须安装支撑条。

九十六、底盘式小铁旗

小铁旗，又称三角旗，主要用于基层田径运动会中铅球、垒球、铁饼、标枪等远度项目。传统的投掷场地为土质地或草坪，使用时将小铁旗插入地面作为标识。当前，塑胶场地、人造草坪因使用和维护方便，被众多学校广泛使用，但塑胶场地和人造草坪并不适宜传统投掷项目的开展。为此，一些学校大胆创新，用软式铅球或实心球、软式铁饼和软式标枪等新兴体育器材来代替传统的铅球、铁饼和标枪，既让传统的竞赛项目得到保留，又让"非标准投掷场地"得以使用。这样一来，传统的插入式小铁旗在人工草坪、塑胶场地和混凝土场地上已无用武之地。经过实践，我们在传统的小铁旗下增加一个底座，让小铁旗在塑胶场地或人造草坪重回岗位，再次服务于投掷比赛。

（一）制作准备

小铁旗，直径 6 ~ 8cm 的圆木，直径 6 ~ 8cm、厚 2 ~ 3mm 的圆铁板，外径 6 ~ 8mm 的螺栓及螺母，锤子，锯子，电焊机。（图 96-1）

图 96-1

（二）制作方法

根据制作的底盘材料和其特征，底盘式小铁旗有插入式、固定式和拆卸式三种制作方法。

1. 插入式圆木底盘小铁旗

取直径 6 ~ 8cm 的圆木，用锯子截成约 4cm 厚的圆木片，然后用锤子敲打小铁旗的旗杆顶部，将小铁旗的旗杆底部插入圆木片的正中心，完成插入式圆木底盘小铁旗的制作。（图 96-2）

2. 固定式圆铁板底盘小铁旗

用保护焊或电焊将小铁旗的旗杆底部焊接在直径

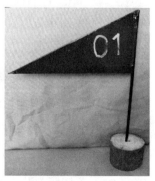

图 96-2

6 ～ 8cm、厚 2 ～ 3mm 的圆铁板正中心，保持旗杆与圆铁板呈垂直状，完成固定式圆铁板底盘小铁旗的制作。（图 96-3）

3. 拆卸式圆铁板底盘小铁旗

先将螺母焊于圆铁板正中心（在螺母的外面焊接，图 96-4），再将螺栓头部与小铁旗的旗杆底部焊接在一起（两者焊成一条直线，图 96-5），完成拆卸式圆铁板底盘小铁旗的制作（图 96-6）。拆卸式圆铁板底盘最大的优点是使用方便、节省存放空间。使用时，将小铁旗旗杆底部的螺栓拧进底盘上的螺母即可；不用时，将小铁旗旗杆底部的螺栓从螺母拧出（图 96-7、图 96-8）。

图 96-3

图 96-4

图 96-5　　　　图 96-6　　　　图 96-7　　　　图 96-8

（三）使用方法

在投掷比赛时，将制作的一种底盘式小铁旗放置于投掷物的落点处。由于底盘式小铁旗平放在地面上，不像传统的插入式小铁旗插入地面后留有痕迹，而比赛中难免出现投掷物砸碰底盘式小铁旗的情况，导致其倒地或移动，重新摆放时落点难免有人为的偏差，造成比赛的不公平。为此，建议在投掷物落点处，先贴一块胶带作为标识，然后将底盘式小铁旗放在胶带上面，这样就避免了底盘式小铁旗被砸碰而带来的落点偏差问题。

（四）注意事项

（1）若没有小铁旗，可以用厚度 0.2 ~ 0.5mm 的薄铁皮和直径 3 ~ 5mm 的钢筋卷接或焊接制作小铁旗。

（2）若制作圆木底盘，则要根据小铁旗的大小及高度来选择圆木的直径，小铁旗越高大，圆木的直径越大，以保证小铁旗的稳定性，避免小铁旗插入圆木时出现翻倒现象。

（3）在焊接固定式、拆卸式圆铁板底盘小铁旗时，会产生一些焊点毛刺，可用锉刀或砂纸打磨平整，以免使用时被划伤。

（4）为了让制作的底盘式小铁旗色彩醒目、美观、防锈，可以用红色喷漆喷涂。

九十七、多道跑道划线器

当前，国家加大了对体育教育经费的投入，越来越多的学校修建了塑胶跑道。但仍有一些学校还在使用煤渣或土质跑道，而一年一度校园田径运动会划跑道就成为体育教师"最头痛"的事，虽然有专用的手推划线车，但没有跑道的基础压痕线，就很难画出漂亮的跑道线。为此，我们自制了多道跑道划线器。起初，就是简单地将钉子钉在标记好距离的木条上，然后组成三角形进行划线，但在划不平整的地面，特别是低洼地面时，钉子就无法划到地面，达不到预期划线的效果。通过不断摸索，我们最后利用橡皮筋的收缩力，让划钉保持一定向下的拉力，就解决了以上问题。此多道跑道划线器省时省力，效果较好，值得推广使用。

（一）制作准备

3cm×5cm×400cm 木条、四寸铁钉、羊角圈、8 号铁丝、橡皮筋、两寸铁钉、电钻、木锯、卷尺、钢丝钳、铁锤、铅笔。

（二）制作方法

下面以制作三道跑道划线器（分道宽为122cm）为例,介绍多道跑道划线器的制作方法。

（1）制作底架：取 3cm×5cm×400cm 木条 1 根,用锯子锯成 2 段,分别为 14cm 和 386cm。在 386cm 长的木条上用卷尺量出 3 个 122cm（木条两端需各留有 10cm）,并做好记号（共有 4 个记号）,记号位置要居中。然后,将 14cm 长的木条锯成两半,并从另 2 根 3cm×5cm×400cm 木条上,各锯下 1 根 7cm 长的木条,共计 4 根 7cm 长的木条（起到稳定划钉和铁钉的作用）。接着,将 4 根 7cm 长的木条分别居中对齐钉在 4 个记号上,用电钻（钻头直径为 5mm）在紧靠木条一端的 3 个记号上钻圆孔,圆孔要钻透 2 层木条,圆孔深度为 6cm,同时在圆孔的两侧拧上羊角圈,如图 97-1 所示。在木条的另一端记号位置用四寸铁钉钉上（图 97-2）。这样就完成了三道跑道划线器的底架的制作。

（2）制作划钉：将 8 号铁丝截成 42cm 长,用钢丝钳做成"T"形,直段长为 21cm 左右。（图 97-3）

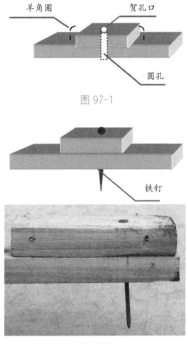

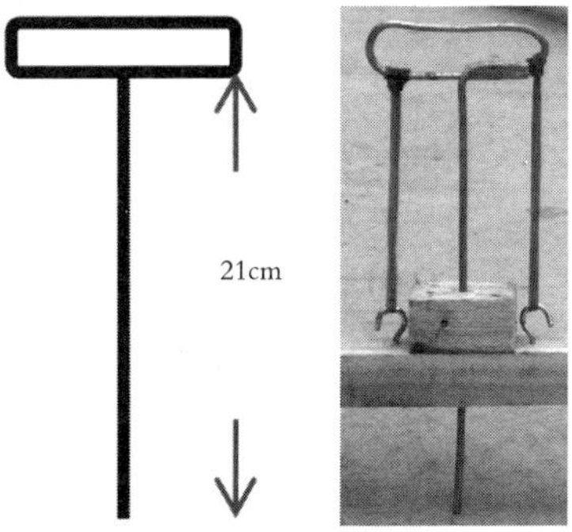

图 97-1

图 97-2

图 97-3

（3）制作辅架：将另 2 根 3cm×5cm×400cm 木条取齐叠放，用 1 枚铁钉钉在一端，使 2 根木条像圆规一样可以随意地打开和收回。（图 97-4）

图 97-4

（4）整体组装：先将底架横放于跑道上（与跑道内外沿垂直），接着把辅架打开放在底架上，成等腰三角形，并在交叉处用绳子绑好。然后，将划钉插进圆孔中，并用橡皮筋将其固定在羊角圈上，组成一个三道跑道划线器。图 97-5 为演示图，图 97-6 为实物图。

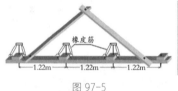

图 97-5

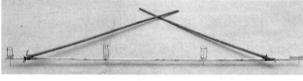

图 97-6

（三）使用方法

将带有铁钉的一端紧贴于跑道内沿或外沿，使底架与跑道内外沿垂直，两手扶住上辅架交叉处。然后，边拉边后退（便于观察与控制），沿跑道

图 97-7

走一圈后，即可在跑道上留下 3 条清晰的划痕，同样再画一次就完成划痕任务。最后，在划痕上撒上石灰即可。（图 97-7）

（四）使用优点

（1）适用于各种不平整的煤渣和土质场地。划钉在橡皮筋的拉力下能始终与地面接触。这样一来，划线器通过跑道上的杂草、石头和凹凸不平地方时，也能留下划痕。

（2）由于是多道跑道划线器，可以一次性划好跑道，直道不用另行加划，使用简单快捷，大大提高了划跑道的效率。

（五）注意事项

（1）各校在制作多道跑道划线器时，可结合本校田径场的跑道数酌情进行选择。当跑道数为3～5道时，可直接制作相应道数的划线器；当跑道数为6～8道时，可制作3～4道的划线器，制作这种减半数的跑道划线器，主要是方便制作和存放。

（2）若制作与跑道数一样的划线器，划线器底架两端最好用四寸铁钉固定；若制作与跑道数减半数的划线器，一端用铁钉固定，另一端用划钉。

（3）控制划钉的橡皮筋条数可根据场地的高低差自行调整，一般在固定一只划钉时，两侧各用4条橡皮筋，共8条。

（4）若划钉的收缩力不强，主要是橡皮筋数量不足或底架过轻所致，可增加橡皮筋数量或在底架上适当固定重物来解决，如小杠铃片、红砖等。

（5）为能长期使用，最好将8号铁丝换成直径为4～5.5mm的圆钢筋，因为钢筋的机械强度高、硬性好，不容易弯曲变形。

九十八、简易烟屏

在运动会中，径赛项目会使用发令枪，通常计时裁判员会通过烟屏进行判断。采购的烟屏体积大（有的还是一体式烟屏发令台），不便于搬运。为此，我们经过实践摸索，设计了立架式和腕戴式两款简易烟屏，它们都具有制作简单、移动方便、使用灵活的特点。

（一）制作准备

（1）立架式简易烟屏：5cm×5cm角铁，3cm×5cm方管，3cm×5cm木条，三合板，直径2cm的螺栓、螺母，电钻，电焊机，油漆。

（2）腕戴式简易烟屏：8 号铁丝、圆松紧带、黑布、粉笔、宽 8 ~ 10cm 的尼龙搭扣、宽 8 ~ 10cm 的弹力带、老虎钳、剪刀、胶带、针线。

（二）制作方法

1. 立架式简易烟屏

立架式简易烟屏由烟屏、支杆和底座组成。

（1）截取：截取 6 根长 50cm 的 5cm×5cm 角铁作为底座、截取 1 根长 120cm 的 3cm×5cm 方管作为支杆，截取 1 根长 100cm 的 3cm×5cm 木条作为烟屏固定杆，截取 1 块直径为 60cm 的三合板。

（2）打孔：在长 120cm 的方管一端打上若干个相距 10 ~ 20cm 的圆孔（孔径约 2cm），同样在长 100cm 的木条一端也打上若干个圆孔，用以固定螺栓。

（3）组合烟屏：将长 100cm 的木条未打孔的一端，用钉子固定在直径 60cm 的三合板圆心处；并将三合板反面涂上黑色的油漆或喷漆上色。

（4）焊接：将 6 根长 50cm 的角铁首尾相连焊接成一个正三棱锥，然后将长 120cm 的方管焊接在正三棱锥一个角锥上，方管垂直于正下方的底面。

（5）整体组合：用螺栓、螺母通过烟屏固定杆与支杆上的孔洞组合固定（图 98-1）；也可以用废旧方凳作为底座，用木条作支杆直接固定在方凳上（图 98-2）。

图 98-1　　图 98-2

2. 腕戴式简易烟屏

腕戴式简易烟屏由骨架、烟屏布和腕带组成。下面以制作一个直径约 55cm 的烟屏为例，说明制作方法。

（1）骨架的制作。

腕戴式简易烟屏骨架由铁圈和 2 条固定条组成。

① 截取：分别截取 200cm、60cm、70cm 的 8 号铁丝各 1 根。

② 铁圈：将长 200cm 的铁丝弯成直径约 55cm 的圆圈，将重叠部分的铁丝用

胶带缠绕固定。

③ 固定条：将长 60cm 和 70cm 的铁丝相距约 10cm 平行放在铁圈一侧（图 98-3），在铁丝与铁圈交叉处，将交叉外侧的铁丝用老虎钳稍弯曲，尽可能与铁圈圆弧相一致；也可用电焊焊接并打磨平整。

（2）烟屏布的制作。

① 截取：先在黑布上用粉笔画一个直径约 65cm 的圆圈，然后用剪刀沿圆圈裁剪。（图 98-4）

② 缝合：取长约 140cm 的圆松紧带，将两头相连，用针线缝合形成一个封闭的圆圈；然后将松紧带圆圈与圆布组合缝制。（图 98-5）

图 98-3   图 98-4   图 98-5

（3）腕带的制作。

① 截取：取长约 25cm 的弹力带，取长约 10cm 的尼龙搭扣（含钩面和毛面）。

② 缝合：分别将尼龙搭扣的钩面和毛面缝在弹力带两端，要求缝在不同面，保证钩面和毛面能够粘合。（图 98-6）

（4）烟屏布和腕带组合。

① 将做好的腕带缝在烟屏布的 2 条固定条位置。（图 98-7）

② 取 1 块长条布料缝在腕带所在烟屏布的背面，缝成 2 条长约 20cm 的窄条，用于穿固定条。

（5）烟屏布和铁圈组合。

① 将 2 根固定条分别穿过烟屏布背面的 2 条窄条，然后将固定条用胶带固定在铁圈上。（图 98-8）

图 98-6

图 98-7

图 98-8

② 将烟屏布套在铁圈上，将烟屏布调整在铁圈居中的位置。（图 98-9）

图 98-9

（三）使用方法

（1）立架式简易烟屏：将立架式简易烟屏放置在发令所需位置，根据发令员的身高调整烟屏的高度。发令时，发令员持发令枪的手靠近烟屏下半部分发令。

（2）腕戴式简易烟屏：以右手发令为例，将腕戴式简易烟屏正面朝上平放在桌上，右手腕放在腕带中间，然后用左手将腕带上的尼龙搭扣拉紧扣合。最后，装填好发令弹的发令枪握在右手上，就可以直接发令了（图 98-10）。也可装填好发令弹后，再固定腕带。

图 98-10

（四）注意事项

（1）立架式简易烟屏制作好后，要对角铁、方管上的毛刺进行打磨，避免人员划伤。

（2）腕戴式简易烟屏制作中用来固定的 2 条窄条的大小，以能穿过 8 号铁丝为宜，不可太宽松，以免产生松垮。

（3）腕戴式简易烟屏制作中用来固定的 2 条铁条在穿过固定窄条前，要先将铁条头打磨圆滑，以便于穿行。

（4）烟屏长期使用会被烟熏黄或发白，可用黑色喷漆进行补喷，即喷即用，方便快捷。

（5）为了让烟屏更加醒目，可以在烟屏四周用红色或白色油漆涂上或喷上一个宽约 5cm 的圆圈。

九十九、储气罐式球类充气泵

当前，中小学校给篮球、排球、足球等球类充气时，基本上使用的是电动充气泵、手动充气泵或脚踏充气泵。电动充气泵在充气即将完成时，只能通过拔气针或关开关来结束；手动充气泵或脚踏充气泵使用起来费时又费力。为此，我们用储气罐式气泵和吹尘枪制作了一款专业球类充气泵，能够满足学校给球类充气的需求。该器材具有省时、省力、方便快捷的特点，深受广大师生的赞誉。

（一）制作准备

20 ～ 60L 储气罐式气泵（图 99-1）、吹尘枪、快速接头、送气管、气针、铁锯、生料带、镗刀、仪表车床和丝攻。

（二）制作方法

利用储气罐式气泵和吹尘枪整合制作成专业球类充气泵，需要一个气针和吹尘枪的连接部件。为此，只要做好吹尘枪与气针的连接即可。加工此连接需要用到仪表车床和丝攻。

图 99-1

1. 连接制作

（1）切割：将购买吹尘枪时赠送的短嘴和长嘴用铁锯沿着六边形外沿锯断，

留下六边形位置和后面的螺纹。图
99-2 为原气嘴。

（2）镗削：用镗刀将吹尘枪的气
嘴切除向内扩成直径为 7.3mm、深度
为 6mm 的圆孔。

（3）丝攻：用 M8.0×0.8 规格（前
数字为外径，后数字为齿距）的丝攻在
扩成的圆孔内形成螺纹。（图 99-3）

2. 组合

先在气针螺纹上缠绕几圈生料带，
然后拧在加工好连接的内螺纹上（图
99-4）；接着，将连接的外螺纹拧在
吹尘枪出气口；最后，把吹尘枪的进
气口插入气泵送气管末端的快速接头
（图 99-5）。图 99-6 为气针、连接和
吹尘枪组合。

图 99-2　　　　　图 99-3

图 99-5

图 99-4　　　　　图 99-6

（三）使用方法

接通电源，储气罐式气泵开始储气
工作，当储气罐内的空气压力达到调压
器调节的压力时，便会自动关机，进入
自动待机状态。然后手持吹尘枪，将气
针插入准备充气的球的气嘴，扣动吹尘
枪上扳机，就进入充气阶段，松开扳机，
就停止充气。当充气完毕后，松开吹尘
枪上扳机，将气针从气嘴拔出。（图 99-7）

图 99-7

（四）维护事项

（1）安装开关：气泵原配只有一个电源插头和一个空气开关，由于气泵的电源经过空气开关的常闭接点，如果频繁使用空气开关，其容易损坏。为此，可以给气泵重新安装一个开关，以延长空气开关的使用寿命，同时，也免去经常插拔电源插的烦扰。

（2）排放冷凝水：空气中的水分可能会在油气分离罐中凝结，特别是在潮湿天气时，当排气温度低于空气的压力露点或停机冷却时，会有更多的冷凝水析出。为了机器的正常运行，应根据湿度和使用情况定期排放冷凝水。

冷凝水的排放方法：应在机器停机，罐内无压力且充分冷却后进行。具体步骤如下：① 拧出罐底部的螺堵；② 开始向外排水，直到没水流出为止；③ 拧上罐底部的螺堵。

（3）压缩机补油：在运行状态下，压缩机的油位应保持在正常区间，油多会影响分离效果，油少会影响机器润滑及冷却性能，在换油周期内，如果油面低于最低油位，应及时补充润滑油。

建议：可以购买无油电机款，就能免去定期加油保养的工作。

（4）检查机内是否有锈蚀、松动之处，如有锈蚀应去锈并且上油或涂漆，松动处拧紧。

（5）清洁冷却器：要经常清理、疏通空气滤清罩，防止堵塞；清理疏通时要关机，严禁开机清理、疏通。

（五）注意事项

（1）国内现在使用的气针有半塑和金属两种。连接吹尘枪须用金属气针。

（2）气针和吹尘枪中间的连接可不用吹尘枪自带的气嘴加工制作，可以另取一截圆棒钢材加工制作。

（3）此气泵充气速度快，使用者一定要观察好充气球的气压情况，做好随时停止充气准备，防止由于气充得太足，导致球体凸起变形。

一〇〇、自制中国象棋

中国象棋是中华民族几千年历史文化的瑰宝，有着悠久的历史，源远流长，博大精深。中国象棋在中小学体育课上基本普及，主要是在室内体育课使用，如雾霾、雨雪等恶劣天气时。利用废弃瓶盖、羽毛球托等制作的环保象棋，具有取材方便、制作简单的特点，既可以变废为宝，又可以培养学生的动手能力。

（一）制作准备

废弃瓶盖、废弃羽毛球托、三合板、白色油漆笔或记号笔、尺子、美工刀。

（二）制作方法

（1）清洗：把收集到的 32 个废弃瓶盖（红色、蓝色各 16 个）清洗干净，并擦干或晾干。

（2）书写：用白色油漆笔分别在瓶盖上写上棋子名称。

（3）棋盘：截取一块 30cm×40cm 三合板，用白色油漆笔或记号笔和尺子在三合板上画出一个象棋棋盘。（图 100-1）

图 100-1

（三）使用方法

将制作好的棋子摆放在棋盘上，按照中国象棋的规则下棋。

（四）注意事项

（1）棋子可存放在包装袋或自制小布袋里。

（2）制作的棋盘大小要根据瓶盖（棋子）的大小来适当调整。

（3）棋盘可以用硬纸板代替，也可以使用购买的油布、皮革棋盘来代替，还可以在纸上画棋盘。

（4）除红色、蓝色瓶盖外，还可以用白色、黄色、绿色等不同颜色的瓶盖；也可以用同款同色瓶盖、不同颜色笔写棋子名；还可以用废弃羽毛球托制作棋子，分别用两种颜色的记号笔写上棋子名称。（图 100-2）

图 100-2

致读者

尊敬的读者，您好！

为了更好地服务于广大体育教师，我们后续将对这套丛书进行优化和完善，希望各位体育同人在参考本书及使用过程中，对存在的不足给予反馈，多提宝贵建议，更好地助力体育教育事业的发展。

您可通过以下方式联系我们（邮箱：87363752@qq.com，或关注快乐体育微信公众号），我们期待您的反馈。

快乐体育微信公众号

微信号：klty168